FACULTÉ DE DROIT DE BORDEAUX

DU VOL

EN DROIT ROMAIN ET EN DROIT FRANÇAIS

THÈSE

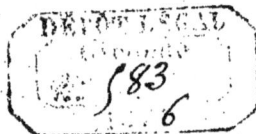

POUR

LE DOCTORAT

PAR

Daniel BONNARD

AVOCAT

A CHACUN LE SIEN

BORDEAUX

IMPRIMERIE DUVERDIER & Cie (DURAND, DIRECTEUR)

7, rue Gouvion, 7

1876

THÈSE

POUR

LE DOCTORAT

5786.

FACULTÉ DE DROIT DE BORDEAUX

DU VOL

EN DROIT ROMAIN ET EN DROIT FRANÇAIS

THÈSE
POUR LE DOCTORAT

soutenue le 25 Juillet 1876

PAR

Daniel BONNARD

AVOCAT

BORDEAUX
IMPRIMERIE DUVERDIER ET Cie (DURAND, DIRECT.)
7, rue Gouvion, 7

1876

BIBLIOGRAPHIE

DROIT ROMAIN

ESCHBACH. — *Introduction à l'étude du Droit.*
MONTESQUIEU. — *Esprit des Lois.*
HENRY. — *Hist. des Instit. des Égypt.*
POTHIER. — *Pandectæ Justinianeæ.*
MERLIN. — *Répert. de jurisprudence.*
ORTOLAN. — *Explicat. Hist. des Instit.*
DEMANGEAT. — *Cours élém. de Droit romain.*
PELLAT. — *Principes du Droit romain sur la prop. et l'usuf.*
ACCARIAS. — *Précis de Droit romain.*

DROIT FRANÇAIS

BEAUMANOIR. — *Coutume du Beauvoisis.*
POTHIER. — *Traité de la Possession.*
MUYART DE VOUGLANS. — *Lois criminelles.*
JOUSSE. — *Traité de justice criminelle.*
BOURJON. — *Droit commun de la France.*
LEBRUN. — *Traité de la communauté.*
DOMAT. — *Lois civiles.*
TOULLIER. — *Droit civil.*
DURANTON. — *Cours de Droit français.*
CARNOT. — *Comment. du Code pénal.*
BOURGUIGNON. — *Jurisprudence des Codes criminels.*
ZACHARIÆ. — *Cours de Droit civil français.*
PARDESSUS. — *Dissert. sur la loi salique.*
DU BOYS. — *Droit crim. chez les peuples modernes.*
DEMOLOMBE. — *Cours de Code civil.*
TROPLONG. — *Droit civil.*
ORTOLAN. — *Élém. de Droit pénal.*
CHAUVEAU et FAUSTIN HÉLIE. — *Théorie du Code pénal.*
BLANCHE. — *Études pratiques sur le Code pénal.*

A MES PARENTS

A MES AMIS

DROIT ROMAIN

De Furtis.

(Liv. XLVII, tit. II, au Digeste.)

INTRODUCTION

Dans les temps les plus reculés, comme de nos jours; chez les nations barbares, comme chez les plus civilisées, le respect de la propriété a toujours été considéré comme l'élément essentiel de l'existence de toute société. Aussi est-il bien rare de ne pas découvrir, dans les diverses législations des peuples de l'antiquité, des peines le plus souvent sévères contre ceux qui portaient atteinte à ce droit, en cherchant à s'approprier la chose d'autrui. Certaines avaient pour but de frapper la personne même du coupable; d'autres, et c'étaient les plus nombreuses, lui enlevaient une partie de ses biens et avaient ainsi pour résultat de châtier le voleur, tout en réparant le dommage qu'avait souffert celui qu'il avait injustement dépouillé.

« La loi de Moïse, dit Merlin, condamnait tout voleur
» à mort, et une pareille jurisprudence ne doit pas sur-
» prendre chez un peuple aussi grossier qu'étaient les
» Hébreux; il ne fallait rien moins que des peines capi-
» tales pour les contenir : tout autre châtiment eût été
» sans effet (¹). » Nous considérons l'affirmation de ce
jurisconsulte comme dépourvue de tout fondement. Du
reste, les caractères que la loi hébraïque présente dans
son ensemble, aussi bien que les principes sur lesquels
elle repose, sont plus que suffisants pour repousser une
semblable opinion.

En principe, chez les Hébreux, on appliquait au vol une
peine pécuniaire. Le voleur qui était pris ayant encore
en sa possession l'objet volé, était condamné à restituer
au propriétaire le double de l'objet volé. Mais s'il ne
l'avait pas conservé, s'il l'avait détruit, donné ou vendu
à une autre personne, il devait restituer la valeur au
quadruple ou au quintuple. « Si ce qu'il a pris, dit
l'Exode, se trouve encore vivant chez lui, soit un bœuf,
soit un âne, soit un mouton, il rendra le double. — Si
quelqu'un a volé un bœuf ou un mouton et qu'il l'ait
tué ou vendu, il rendra cinq bœufs pour un et cinq
moutons pour un (²). » Indépendamment de cette peine
pécuniaire, le juge pouvait encore, dans ce dernier cas,
infliger au voleur une amende et une exposition de cinq
jours et de cinq nuits.

Pourquoi donc le voleur qui n'avait pas conservé la

(¹) *Répert.*, Vᵒ Vol. Sect. II, § 1.
(²) *Exode*, XXII, 4, 1.

chose volée était-il traité plus sévèrement ? Dabord il rendait les recherches et la découverte du vol bien plus difficiles, et si les chances de perte augmentaient ainsi pour le propriétaire, il paraissait juste de lui accorder une réparation plus complète dans le cas où la chose serait retrouvée. De plus, le voleur manifestait alors la volonté bien arrêtée de s'approprier la chose d'autrui et se mettait dans l'impossibilité d'alléguer pour sa justification qu'il avait l'intention de la remettre. Dans ces circonstances, sa culpabilité devenant plus grave, réclamait l'application d'une peine plus sévère.

Mais la condamnation, étant simplement pécuniaire, serait devenue le plus souvent illusoire par suite de l'insolvabilité du voleur, s'il n'eût été permis aux magistrats de le faire vendre et d'attribuer au propriétaire le prix de sa liberté comme réparation du dommage qu'il avait souffert ([1]). Pendant la nuit seulement, il était permis de tuer le voleur surpris en flagrant délit ([2]). *Moyses dicit : Si perfodiens nocte parietem, inventus fuerit fur et percusserit eum alius, et mortuus fuerit hic, non est homicida is qui percusserit eum. Si autem sol ortus fuerit super eum reus est mortis percussor et ipse moriatur* ([3]).

C'est là une disposition que nous trouverons reproduite dans la loi des Douze Tables, et qui, jusqu'à un certain point, est encore consacrée de nos jours par les articles 322 et 329 du Code pénal. Enfin le plagiat qui

([1]) *Exode*, XXII, 3.
([2]) *Exode*, XXII, 2, 3.
([3]) *Collat. leg. Mosaïc. et Rom.* Tit. VII, C. IB.

fut le crime des fils de Jacob enlevant leur frère Joseph pour le vendre était puni de mort ([1]).

En 624, avant l'ère chrétienne, Dracon avait imposé aux Athéniens des lois dont l'excessive sévérité est justement devenue proverbiale, et qui, pour ce motif, ne tardèrent pas à tomber en désuétude. Les lois de Solon se ressentirent des rigueurs de la législation primitive, bien qu'il se fût posé en réformateur, en appliquant une pénalité nouvelle et moins rigoureuse. En principe, tout vol commis pendant le jour et d'une chose excédant la valeur de 50 drachmes était puni de mort. Le voleur surpris en flagrant délit était, en cas d'aveu, condamné à mort, sans jugement préalable par les Undécemvirs, et en cas de dénégation, il était conduit devant les tribunaux, qui prononçaient la peine capitale. Ceux qui volaient du linge sur les cadavres ou dans les bains publics subissaient encore la peine de mort. Enfin, si le vol avait été commis ailleurs et si la chose volée, étant de peu de valeur, avait été restituée, la peine n'était plus que pécuniaire. La chose devait être restituée au propriétaire qui avait le droit d'en poursuivre le payement d'une valeur double; dans le cas contraire, il avait droit au décuple ([2]).

La loi des Douze Tables faisait une distinction entre le vol manifeste et le vol non manifeste. Si le voleur avait été surpris en flagrant délit et s'il était encore libre, il était battu de verges et attribué par addiction (*addictus*) à

[1] *Exode*, XXI, 16.
[2] V. Conf. Eschbach, *Int. à l'ét. du Droit*, p. 539.

celui qui avait souffert du vol, pourvu qu'il eût commis son méfait pendant le jour, et qu'il n'eût fait usage d'aucune arme pour sa défense. Un esclave coupable de vol manifeste était battu de verges et précipité du haut de la roche Tarpéienne. Si le voleur était impubère, il était, suivant la décision du magistrat, battu de verges et condamné à réparer le dommage qu'il avait causé ([1]). Dans le cas de vol non manifeste, on appliquait simplement la peine du double. « Il paraît bizarre, dit Montesquieu ([2]), que les lois romaines missent une telle différence dans la qualité de ces deux crimes et dans la peine qu'elles infligeaient : en effet, que le voleur fût surpris avant ou après avoir porté le vol dans le lieu de sa destination, c'était une circonstance qui ne changeait point la nature du crime. Je ne saurais douter que toute la théorie des lois romaines sur le vol ne fût tirée des institutions lacédémoniennes. Lycurgue, dans la vue de donner à ses concitoyens de l'adresse, de la ruse et de l'activité, voulut qu'on exerçât les enfants au larcin, et qu'on fouettât rudement ceux qui s'y laisseraient surprendre : cela établit chez les Grecs, et ensuite chez les Romains, une grande différence entre le vol manifeste et le vol non manifeste. »

La loi des Douze Tables, comme la loi de Moïse, permettait de tuer le voleur de nuit ([3]). Quant à celui qui avait été surpris pendant le jour, il fallait, pour qu'il fût

---

([1]) Tab., VIII. XIV.
([2]) *Esprit des Lois*, L. 29. Chap. 13.
([3]) *Collat. leg. Mosaïc. et Rom.* — Tit. VII. — C. IA.

permis de lui donner la mort, qu'il se fût défendu avec des armes : *Non aliter 'occidere lex Duodecim Tabularum permisit, quam si tela se defendat* (¹).

Ce droit, qui fut d'abord absolu, subit certaines restrictions au temps d'Ulpien. D'après ce jurisconsulte, pour que l'homicide fût légitime dans le premier cas, il fallait que l'attaque ait été provoquée par des craintes sérieuses, et qu'il eût été impossible de saisir le voleur pour l'empêcher de commettre le vol et l'emmener devant le magistrat. Paul ajoute même qu'il serait toujours préférable d'agir ainsi (²). Mais si, pouvant appréhender le voleur, il avait préféré le tuer, le meurtrier devait être poursuivi par l'action publique de la loi Cornelia (³). Enfin, dans le cas où le voleur de jour se serait défendu avec une arme, *cum telo*, il n'était permis de le tuer que sous la condition de l'appel des citoyens (⁴). Ces réformes eurent pour but de rendre ces dispositions moins compromettantes pour la sécurité générale.

Plus tard, deux lois vinrent supprimer ces dispositions trop rigoureuses de la loi des Douze Tables; elles eurent pour conséquence d'abolir toute peine corporelle en matière de vol, pour faire l'application d'une peine simplement pécuniaire. La loi Porcia défendit de condamner un citoyen romain à être battu de verges, et la loi Petilia Papiria défendit de le donner en addiction. On appliqua

---

(¹) Tab. VIII, XIII.
(²) *Collat. leg. Mosaïc. et Rom.* — Tit. VII. — C. II.
(³) L. 5, pr., *in fine. Ad. leg. Aquil.*
(⁴) L. 4, § 1. *Ad. leg. Aquil.*

donc au vol la peine du quadruple ; quant au vol non manifeste, l'action continua à être donnée au double ([']). Justinien conserva la même distinction entre le *furtum manifestum* et le *furtum nec manifestum.* « La loi romaine, dit M. Ortolan ([']), suit l'instinct grossier des pénalités primitives, qui est de frapper avec plus d'emportement le coupable pris sur le fait, soit parce que la culpabilité est alors plus évidente, soit parce que l'esprit de vengeance est encore dans toute son ardeur. »

La loi des Douze Tables faisait encore une distinction entre le *furtum conceptum* et le *furtum oblatum,* suivant les circonstances qui avaient suivi l'accomplissement du vol, par exemple dans le cas de recel de l'objet volé. Ainsi, l'action *furti concepti* était donnée contre le recéleur chez lequel on avait cherché contre sa volonté et trouvé l'objet volé. Mais, pour exercer ces perquisitions, il fallait, nous dit Gaïus, se soumettre à certaines formalités : *Hoc solum præcepit (lex) ut qui quærere velit, nudus quærat, linteo cinctus, laucem habens* ([']). Si on retrouvait la chose volée par ce mode solennel de perquisition, on appliquait au recéleur la peine du vol manifeste. Mais il importe de ne pas confondre le vol dit *furtum lance licioque conceptum* avec le vol simplement appelé *furtum conceptum.* Le premier supposait une opposition à la recherche de l'objet volé. Le second supposait au contraire une découverte accidentelle ou résultant d'une perquisition libre-

---

([']) Gaïus. *Com.,* III, §§ 188, 190.
([']) *Expl. Hist. des Inst.,* t. III, § 1719.
([']) Gaïus, *Com.,* III, § 192.

ment consentie; alors la peine appliquée au recéleur n'était plus que du triple (¹).

Ces formalités de la perquisition solennelle, que Gaïus a essayé d'expliquer en les qualifiant de ridicules : *quare lix tota ridicula est* (²), furent abrogées par la loi Æbutia qui ne laissa subsister que l'action *furti concepti.*

Il y avait *furtum oblatum,* lorsque l'objet volé avait été recherché et découvert chez une personne à laquelle le voleur l'avait remis afin qu'il ne fût pas trouvé chez lui. On donnait alors à cette personne l'action *furti oblati,* qui était du triple.

Deux législations anciennes se séparent des autres en admettant en principe l'impunité du vol. Et cependant elles envisageaient le respect de la propriété comme une chose au moins utile aux intérêts généraux de la société; elles considéraient le détournement de la chose d'autrui comme un mal ; cela ne saurait être mis en doute. Il faut donc chercher les motifs d'une disposition aussi bizarre parmi les conséquences avantageuses qu'ils attribuaient au vol, qui, tout en produisant des effets nuisibles d'un côté, devait cependant être favorisé dans une certaine limite, parce que d'un autre il en résultait des avantages; en un mot, le bien étant plus considérable que le mal, devait faire pencher la balance du côté de l'impunité.

Chez les Égyptiens, le vol fut élevé au rang d'une industrie reconnue et autorisée par les institutions ;

(¹) Gaïus, *Com.*, III, § 191.
(²) Gaïus, *Com.*, III, § 193.

aussi en remplissant certaines formalités, toute personne pouvait impunément exercer cette profession lucrative. Pour cela, il lui suffisait d'être admise dans cette société peu philanthropique en donnant son nom au chef des voleurs et en s'engageant à remettre immédiatement la chose volée. Le propriétaire dépouillé devait alors la réclamer à ce dernier, qui la lui faisait remettre, pourvu qu'il indiquât exactement le lieu, le jour et l'heure où le vol avait été commis et qu'il s'engageât à abandonner le quart de sa valeur ([1]). Cette loi avait probablement pour but, en infligeant une peine non au voleur, mais à la personne qui avait été volée, de rendre les citoyens plus méfiants et plus attentifs à la conservation de leurs biens.

Vers le milieu du neuvième siècle avant J.-C., Lycurgue, qui donna à Sparte des lois qu'il dut concilier avec l'esprit et les mœurs de ce peuple éminemment guerrier, vit dans le vol un moyen puissant de développer dès l'enfance la ruse, l'agilité et le courage qui devait assurer d'avance le succès dans les combats. Il décida donc que les jeunes gens seraient non-seulement habitués à tous les exercices du corps, mais encore qu'il leur serait donné une nourriture insuffisante pour les forcer d'avoir recours au vol. Il leur promettait l'impunité et le droit de conserver les choses volées, s'ils étaient assez adroits pour ne point se laisser surprendre; mais s'ils étaient pris en flagrant délit, il les condamnait à la peine du fouet et au jeûne, non pour avoir dérobé le

([1]) V. Conf. Henry. *Hist. des Inst. des Egypt.*, t. I, p. 497.

bien d'autrui, mais pour avoir fait preuve d'une trop grande maladresse (¹).

D'après ce coup d'œil rapide sur les juridictions anciennes en matière de vol, on a vu qu'à Rome comme à Athènes, le *furtum* fut toujours considéré comme un délit, c'est-à-dire comme un fait illicite donnant lieu à l'application d'une peine : *Delictum est, factum illicitum, sponte admissum, quo quis et ad restitutionem, si fieri possit et ad pœnam obligatur*. Le délit suppose nécessairement l'accomplissement d'un fait matériel, car *nemo cogitationis pœnam patitur* (²). Il faut encore, pour qu'il soit puni, qu'il soit prévu et qualifié par une loi, par application d'un principe bien connu : *nulla pœna sine lege*.

Pour éviter toute confusion, il est utile de préciser les différences qui séparent le délit du quasi-délit. L'un, pas plus que l'autre, n'implique nécessairement une idée de dol. Le délit diffère du quasi-délit en ce que l'un est prévu par la loi ancienne, qui y a attaché une action déterminée, tandis que l'autre est un fait illicite au sujet duquel le préteur à permis d'intenter une action *in factum*.

À Rome, on distinguait encore les délits publics et les délits privés. Les premiers avaient le plus souvent pour conséquence de porter atteinte aux droits publics, aux intérêts généraux de la société; aussi donnaient-ils naissance à une action publique. Tout citoyen pouvait se

(¹) V. Conf. Eschbach, *Int. à l'ét. du Droit.*
(²) Hein. Inst. L. IV, t. I. — L. 1, § 1. *De Furtis.*
(³) L. 8. D. *De Pœnis.*

porter accusateur, requérir l'application d'une peine contre le coupable qu'il dénonçait à la justice, et cela était nécessaire, car il n'y avait pas alors de magistrats spécialement chargés de poursuivre les crimes et délits au nom de la société qu'ils représentent. Dans ce cas, le droit d'accusation était donc populaire, « il était établi, dit Montesquieu, selon l'esprit de la République, où chaque citoyen doit avoir pour le bien public un zèle sans bornes, où chaque citoyen est censé tenir tous les droits de la patrie entre ses mains (¹). » Le délit privé est celui qui généralement porte atteinte à un droit privé, il donne lieu à un *judicium privatum*, à une action intentée par la personne lésée. Les *Institutes* énumèrent quatre délits privés : *furtum, rapina, damnum injuriâ datum, injuria*. En Droit romain, le vol est donc en principe un délit privé ; ce n'est que dans certains cas exceptionnels qu'il donne lieu à un *judicium publicum*, par exemple, lorsqu'il y a vol ou recel d'un homme libre ou esclave ; dans ce cas, la loi *Fabia de plagiariis* permet d'intenter un *judicium publicum*.

On ne trouve point reproduite, dans notre Code pénal, cette distinction entre les délits publics et les délits privés. Chez nous, toute infraction à une loi pénale donne lieu, en principe, à une action publique.

(¹) *Esprit de Lois*, LVI, chap. VIII.

CHAPITRE PREMIER

Des éléments constitutifs du vol.

Le jurisconsulte Paul, dans ses *Sentences*, définit ainsi le vol : *Fur est qui dolo malo rem alienam contrectat* (¹). Nous trouvons encore insérée au Digeste une seconde définition du même jurisconsulte d'après laquelle : *Furtum est contrectatio rei fraudulausa, lucri faciendi causa, vel ipsius rei, vel etiam usùs ejus, vel possessionis* (²). Suivant la majorité des commentateurs, il faut considérer la première comme incomplète et inexacte, d'abord parce qu'elle n'exige que le dol, l'intention de nuire à autrui, et non celle de retirer un profit de la chose volée, qui est cependant nécessaire ; de plus, parce qu'elle prévoit seulement le vol de la chose elle-même, *furtum ipsius rei* et non celui des divers droits que l'on peut avoir sur cette chose, tels qu'un droit d'usage ou de possession.

Malgré cela nous n'admettons pas cette dernière critique, attendu qu'en supposant soit le vol de la chose elle-même, soit celui d'un droit d'usage ou de possession, il y a dans tous les cas soustraction de la chose d'autrui, et c'est là le sens général que Paul nous semble avoir voulu donner à ces mots : *qui rem alienam contrectat.* Quoi qu'il en soit,

(¹) Paul. Sent. L. II, t. XXXI, § 1.
(²) L. 1, § 3, D., *De Furtis.* — Inst. § 1. *De Oblig. quæ ex del. nasc.*

la définition du Digeste, reproduite par Justinien dans ses *Institutes*, est bien préférable ; elle nous fait connaître la nature du vol en donnant l'énumération complète des conditions essentielles de son existence : en premier lieu, le fait matériel, c'est-à-dire l'attouchement de la chose d'autrui, et par suite son déplacement ; en second lieu, le fait intentionnel, la volonté de causer un préjudice au propriétaire, en s'appropriant sa chose ; en troisième lieu, une chose pouvant être l'objet d'un vol.

Suivant Paul, les jurisconsultes diffèrent sur l'étymologie du mot *furtum*. D'après Labéon, *furtum* vient du mot *furvum*, qui signifie noir, parce que les vols se commettent clandestinement, dans l'obscurité, et le plus souvent pendant la nuit. D'après Sabinus, *furtum* vient du mot *fraus*. Il pourrait encore venir du mot *ferre* ou *auferre*, qui signifie emporter, ou enfin du grec, car les Grecs appellent les voleurs φωρας, mot qui vient lui-même de φερειν, emporter ([1]).

Section Ire

De la *Contrectatio*.

La *contrectatio* est le premier élément essentiel de l'existence du vol. On entend, par là, l'attouchement de la chose, l'acte par lequel le voleur la saisit pour la soustraire et la déplacer ensuite.

Mais il n'est pas nécessaire, pour que cette condition

([1]) L. 1, pr., D., *De Furtis*. — Inst. L. VI, t. II, § 2.

soit remplie, qu'il ait enlevé la chose; indépendamment
de tout déplacement, le fait seul d'avoir appréhendé
l'objet, pourvu bien entendu qu'il soit démontré d'ailleurs,
et d'une manière évidente, qu'il agissait dans le but de
la dissimuler afin de se l'approprier, constituerait un délit de vol. Ainsi, le voleur surpris en flagrant délit et
contraint à abandonner la chose aussitôt après l'avoir
seulement touchée, devrait sans nul doute être condamné pour ce fait à la peine du vol manifeste. Au contraire, et par application du même principe, on ne
pourrait traiter comme voleur celui dont l'intention
coupable serait prouvée par témoins, par écrits (¹) et
même par un commencement d'exécution; par exemple,
celui qui, pour s'introduire dans une maison en aurait
brisé la porte, mais se serait retiré sans avoir touché
l'objet qu'il avait l'intention de voler : *furtum sine con-
trectatione fieri non potest, nec animo furtum admittitur* (²).
Il en serait de même pour celui qui, par fraude, se ferait
consentir une obligation, et enfin de celui qui aurait
vendu l'esclave d'autrui sachant qu'il ne lui appartient
pas, pourvu qu'il ne l'ait pas touché (³); dans ce cas,
on décide que si l'acheteur est de bonne foi, il peut
usucaper cet esclave.

Mais toute *contrectatio* ne donne pas naissance à une
action *furti*. Il faut, pour cela, qu'elle produise une interversion de possession, une dépossession d'une part,

(¹) L. 52, § 13, *de Furtis.*
(²) L. 21, § 7, *ibid.*
(³) L. 6, liv. VI, t. II, Code. *ibid.*

et de l'autre l'acquisition d'une possession nouvelle. Ainsi, l'esclave qui détournerait un objet compris dans le pécule que lui aurait confié son maître, ne commettrait un vol proprement dit qu'après l'avoir remis à une autre personne; parce que tant qu'il n'est pas sorti du pécule, le maître en conserve la possession (¹).

Lorsque le voleur a, une première fois, saisi la chose, le fait de la déplacer à plusieurs reprises ne constitue pas autant de vols nouveaux; car il n'y a pas alors une nouvelle interversion de possession : *assidua contrectutione furis, non magis furti actio nasci potest* (²).

Le principe de la loi 9 au Code souffre une première exception lorsque le propriétaire ayant recouvré la possession de la chose volée, le voleur s'en empare une seconde fois; il y a alors une nouvelle dépossession qui permet d'intenter deux actions *furti*, en considérant la première comme n'ayant pas été exercée (³). Il existe une seconde exception au même principe, lorsque la propriété de la chose volée passe à une autre personne; dans ce cas le voleur peut à la fois être poursuivi par l'ancien et par le nouveau propriétaire. Ainsi, en supposant qu'une chose léguée a été volée depuis l'adition d'hérédité, l'action *furti* appartient au légataire et à l'héritier qui l'exerce du chef du défunt dont il continue la personne (⁴). Il ne faut voir qu'une contradiction

(¹) L. 56, § 3, *de Furtis.*
(²) L. 9, pr. *ibid.*
(³) L. 56, pr. *ibid.*
(⁴) L. 66, § 1, *ibid.*

apparente entre la loi 66 § 1 et la loi 85 du même titre;
dans cette dernière, Paul parle en effet d'un legs *per dam-
nationem,* tandis qu'il s'agit dans la loi 66 d'un legs *per
vindicationem.*

Si la *contrectatio* ne s'applique qu'à une des parties
formant un tout indivisible, il faudrait cependant condamner le voleur pour le tout, bien qu'il n'ait pas touché
toutes les parties de la chose volée (¹). S'il s'agit au contraire d'une chose divisible, d'un tas de blé, par exemple,
le voleur ne pourra être condamné que pour la partie
volée et non pour le tout; telle est l'opinion admise par
Ulpien. Cependant certains jurisconsultes enseignent une
décision contraire : ainsi Trebatius prétend que dans un
cas semblable on devrait condamner pour le tout, parce
que de même qu'on touche un homme tout entier en
touchant son oreille, de même le voleur touche le tas de
blé tout entier en en enlevant une mesure (²).

Nous avons vu que la *contrectatio* est nécessaire pour
qu'il y ait vol; suivant Paul, la simple négation d'un
dépôt ne constitue pas un vol (³). Cependant ce principe
est-il absolu, faut-il toujours qu'il y ait eu attouchement
de la chose, dans certains cas exceptionnels l'intention
de voler ne suffit-elle pas? Une décision de Celse pourrait nous inspirer certains doutes, car, d'après ce jurisconsulte, l'intention du dépositaire de s'approprier le
bijou qui lui aurait été confié, suffirait pour constituer

(¹) L. 22, § 2, *de Furtis.*
(²) L. 21, pr, *ibid.*
(³) L. 1, §. 2, *ibid.*

un vol, alors même qu'il l'eût laissé dans le coffre qui le renfermait ([1]). Ulpien enseigne encore que le créancier gagiste commet un vol, s'il refuse après avoir été payé de remettre la chose engagée ([2]). Il faut croire que ces deux jurisconsultes supposent dans leur décision une *contrectatio* préalable de la part du dépositaire ou du créancier gagiste accomplie dans le but de dissimuler l'objet qu'ils veulent s'approprier.

Il faut enfin que la *contrectatio* émane du voleur lui-même, ou tout au moins de son esclave agissant d'après son ordre. Cependant, il faudrait donner l'action *furti* contre celui qui, après avoir délégué à un tiers un débiteur qu'il sait ne point lui devoir se trouverait présent au moment où la somme est remise à son délégataire ([3]). Si la chose volée, étant d'un poids considérable, n'a pu être emportée que par plusieurs personnes, Julien accorde une action *in solidum* contre chacune d'elles ([4]).

Section II

De l'Intention de voler.

La *contrectatio*, dit le texte, doit, pour constituer un, vol être *fraudulosa* et accomplie *lucri faciendi causâ*. De là la nécessité d'une double intention de la part du voleur :

[1] L. 67, pr. *de Furtis*.
[2] L. 52, § 7, *ibid.*
[3] L. 43. § 2, *ibid.*
[4] L. 51. § 2, *in fine. Ad. leg. Aquil.*

d'abord celle de causer un préjudice à autrui, de plus celle de retirer un avantage du vol.

En principe, celui-là agit frauduleusement, qui sait accomplir un acte contraire à la volonté du propriétaire, *qui rem alienam contrectat*, dans le but de lui nuire : cette dernière condition est nécessaire d'après Théophile et se trouve implicitement renfermée dans tous les exemples du texte. Ainsi, l'intention frauduleuse disparaît et par suite l'action *furti*, lorsqu'on a de justes motifs de se croire propriétaire de la chose d'autrui ; telle serait la situation d'un héritier qui, se trouvant le plus proche parent d'une personne généralement considérée comme morte et cependant vivante, se serait mis en possession des biens de l'hérédité ([1]).

On ne pourrait accuser de vol, et cela pour le même motif, l'héritier qui, croyant le défunt propriétaire de tous les objets compris dans la succession par lui recueillie, aurait donné ou vendu ceux qui avaient été seulement prêtés, loués ou donnés en dépôt au *de cujus ;* celui qui les aurait reçus de bonne foi pourrait donc les usucaper, car ils ne seraient entachés d'aucun vice de vol ([2]).

De même enfin, on ne peut traiter comme voleur celui qui, ayant l'usufruit d'un esclave, vend ou donne l'enfant né de cette femme, dans la fausse croyance que la part appartient à l'usufruitier comme le croît des animaux ([3]).

([1]) L. 83, *de Furtis.*
([2]) Instit. liv. II, t. 6 § 4. — Gaïus, *Comment.*, II, § 50.
([3]) Instit. liv. II, t. 6 § 5. —— Gaïus, *Comment*, II, § 50.

Cette décision suppose une ignorance de droit excusable, une confusion entre les droits du propriétaire et ceux de l'usufruitier, aussi n'est-elle pas conforme au principe d'après lequel : *nemo censetur ignorare legem;* mais une erreur de droit trop grossière ne pourrait être invoquée pour écarter l'intention frauduleuse.

Le dol disparaît encore lorsque, sans se croire propriétaire, on s'est cru raisonnablement autorisé à se servir de la chose suivant la volonté du propriétaire. Ainsi, le créancier qui se sert du gage, le dépositaire qui fait usage du dépôt, le commodataire qui emploie la chose prêtée à un usage différent de celui qui a été déterminé par le contrat, commettent un vol (¹); mais, on ne pourrait intenter une action *furti* contre ces diverses personnes, si elles croyaient se conformer à l'intention du propriétaire en agissant ainsi; même si elles avaient pu raisonnablement présumer qu'il eût donné son autorisation si elle lui avait été demandée, pour faire de la chose tel ou tel usage, et cette distinction, dit Justinien, est très-juste, car : *furtum sine affectu furandi non committitur* (²).

Dans ce cas, sachant que le créancier gagiste et le commodataire sont responsables de leur faute, bien qu'ils ne soient pas tenus de l'action *furti*, ils peuvent cependant être poursuivis, l'un, par l'action *pigneratitia*, l'autre, par l'action *commodati*, s'ils ont fait preuve de

---

(¹) Inst. liv. IV, t. I, § 6. — Gaïus, *Comment.*, III, §§ 195, 196. — L. 54, *de Furtis.*

(²) Inst. liv. IV, t. I, § 7.— Gaïus, *Comment.* III, § 197. — L. 37. *ibid.*

négligence, s'ils ne peuvent alléguer de justes motifs leur
ayant fait présumer l'autorisation du propriétaire. Quant
au dépositaire, on ne peut même pas intenter alors
contre lui l'action *depositi*, car il n'est responsable que
de son dol, et on ne peut l'accuser de dol, lorsqu'il croit
pouvoir se servir de la chose déposée, alors même qu'il
aurait négligé de s'en assurer (¹). Enfin, celui qui s'approprie une chose qu'il croit à tort avoir été abandonnée
par son maître, n'est pas coupable d'intention frauduleuse et ne commet pas un vol (²).

Il ne suffit point que le voleur soit coupable de dol en
voulant causer un préjudice, il faut encore, qu'à cette
intention frauduleuse, vienne se joindre celle de retirer
un profit de la chose volée. Signalons, en passant, une
différence qui existe à ce point de vue entre le Droit romain et le Droit français ; ce dernier, en effet, ne recherche point l'esprit de lucre qui a fait agir, il lui suffit
que la chose soit frauduleusement enlevée pour constituer un vol.

A Rome, au contraire, on ne donne point l'action *furti*
contre celui qui commet un vol par esprit de haine et de
vengeance, s'il n'a l'intention d'en retirer aucun avantage; pour le poursuivre, il faudra avoir recours à l'action
d'injures ou de la loi Aquilia (³). Il n'est pas nécessaire
que le voleur ait enlevé la chose dans le but immédiat
de tirer profit de la possession, un avantage indirect

(¹) L. 76, pr. *de Furtis*.
(²) L. 43, § 6, *ibid*.
(³) L. 41, § 1, *ibid*.

serait suffisant, par exemple, la reconnaissance qu'il se procurerait en l'ayant volée pour faire un cadeau à une autre personne ([1]).

Ulpien ne considère point comme voleur celui qui, pour satisfaire ses passions, *libidinis causd*, enlève un esclave qui ne lui appartient pas, car la cause de l'enlèvement est alors la *libido* et non le *furtum* proprement dit ([2]); mais, pour cela, il faut que l'esclave soit *meretrix*; ainsi, Paul permet d'intenter l'action *furti* contre celui qui enlève une esclave *non meretrix*, car alors, il ne peut justement alléguer, pour sa défense, qu'il n'a agi que *libidinis causd* ([3]). Nous avons supposé que Paul admettait la décision donnée par Ulpien dans la loi 39, *de Furtis*, il paraît cependant d'une opinion contraire, lorsqu'il nous dit : *Qui meritricem libidinis causd rapuit et celavit, eum quoque furti actione teneri placuit* ([4]). Il faut croire, avec Pothier, que le mot *non* a été omis dans la rédaction du texte, avant le mot *meretricem*. Sans cela, il est en effet impossible de considérer comme raisonnable la décision du même jurisconsulte, insérée au Digeste, dans la loi 82, § 2, *de Furtis*. Il n'aurait eu aucune raison de prévoir le cas spécial de l'enlèvement d'une esclave *non meretrix*, pour accorder dans tous les cas l'action *furti*, s'il l'avait déjà accordée contre le ravisseur d'une esclave *meretrix*, qui prétendrait avoir agi *libidinis causd*.

[1] L. 54, § 1, *de Furtis*.
[2] L. 39, *ibid*.
[3] L. 82, § 2, *ibid*.
[4] Sentent. lib. II, t. XXXI, § 12.

Malgré l'intention frauduleuse jointe à celle de réaliser un bénéfice, il n'y a pas *furtum* si le propriétaire approuve la *contrectatio;* car, dit Justinien : *Domino autem volente, dicitur furtum non fieri* (¹).

En principe, la ratification du propriétaire doit être expresse, on ne peut la présumer tant qu'il n'a pas fait connaître sa volonté d'une façon certaine (²). Cependant, s'il est prouvé qu'il a connu le vol et qu'il a gardé le silence, ne faut-il pas croire qu'il a donné son consentement ? Suivant Paul, il faut répondre négativement toutes les fois que ce silence résulte d'un sentiment de crainte ou de respect (³).

Ulpien examine la question contraire : si le voleur pense qu'il a agi contre la volonté du propriétaire, et s'il se trouve que ce dernier ait toujours eu l'intention de lui donner son consentement sera-t-il tenu de l'action *furti?* Pomponius admet l'affirmative, Ulpien décide au contraire que, dans ce cas, il n'y a pas vol (⁴).

Après avoir posé en principe que le consentement du propriétaire à l'accomplissement du vol, efface tout caractère délictueux, Justinien examine la question suivante : Si l'esclave de Mævius est sollicité par Titius de voler certains objets à son maître pour les lui remettre, et si l'esclave dénonce ce fait à son maître qui, voulant saisir Titius en flagrant délit, le laisse enlever

---

(¹) Instit. liv. IV. t. I, § 8.
(²) L. 48, § 3, *de Furtis.*
(³) L. 91, *ibid.*
(⁴) L. 46, § 8, *ibid.*

et porter chez Titius les objets désignés, ce dernier sera-t-il soumis à l'action *furti* ou à l'action *servi corrupti*, ou bien n'aura-t-il à craindre ni l'une ni l'autre de ces deux actions? Parmi les anciens jurisconsultes, les uns refusaient l'une et l'autre action ([1]), les autres n'accordaient que l'action de vol. Quant à Justinien, tout en reconnaissant que suivant les principes, on ne pourrait intenter l'action *furti*, parce qu'il y avait un consentement du propriétaire, pas plus que l'action *servi corrupti*, parce que la probité de l'esclave n'avait pas été détruite, *quod deterior servus factus non est;* poussé par une raison morale et d'utilité pratique, pour ne pas laisser impunies des tentatives de ce genre, il décide que le maître de l'esclave pourra intenter non-seulement l'action *furti*, mais encore l'action *servi corrupti* ([2]).

Le consentement du propriétaire existe, bien qu'il ait été obtenu par dol ou par violence : *qui vim intulit, cum possessionem a me sit consecutus fur non est* ([3]). Cela se présente lorsque l'emprunteur fait croire qu'il est riche alors qu'il est pauvre; qu'il va acheter des marchandises ou rendre immédiatement la somme empruntée alors qu'il n'a jamais eu une intention semblable ([4]); enfin lorsqu'il affirme qu'il est libre ou *paterfamilias* tandis qu'il est esclave ou fils de famille ([5]). Dans ces divers cas, on ne peut intenter que l'action de *dolo malo*,

([1]) Gaïus. *Comment.*, III, § 198.
([2]) Instit. liv. IV, t. I, § 8.
([3]) L. 14, § 12, *quod metus causa.*
([4]) L. 43, § 3, *de Furtis.*
([5]) L. 52, § 15, *ibid.*

car celui qui a pratiqué une de ces manœuvres frauduleuses, *fallax est magis quam furtum facit,* et de plus, il y a eu remise volontaire de la part du propriétaire.

Mais il ne faut pas confondre l'erreur sur les qualités de la personne avec l'erreur sur la personne elle-même. Ainsi, si à la place de Titius, qui est honnête et solvable, vous me présentez un autre Titius, qui est pauvre et auquel je prête de l'argent croyant avoir affaire au premier, vous serez tenu de l'action *furti* si vous êtes de mauvaise foi et si vous partagez avec lui la somme prêtée (¹).

On peut encore intenter l'action de vol contre le faux procureur qui, empruntant le nom du véritable, se fait remettre et dissipe la somme due au créancier, ou contre le faux héritier qui affirme faussement qu'il a succédé au créancier pour se faire payer par le débiteur, car alors le propriétaire n'a pas voulu transférer la propriété de son argent aux personnes qui se sont présentées à la place des autres (²). Après avoir dit que le faux procureur commet un vol lorsque de mauvaise foi il exige le payement de la créance, Ulpien rapporte une distinction faite à ce sujet par Nératius : d'après ce jurisconsulte, il faut admettre l'affirmative quand le débiteur a eu l'intention de transférer la propriété directement au créancier en confiant l'argent au procureur pour le lui remettre; la négative, au contraire, s'il y avait eu translation de propriété au profit du procureur lui-

(¹) L. 52, § 21, *de Furtis.*
(²) L. 80, § 6, *ibid.*

même : dans le premier cas, en effet, le débiteur conserve la propriété de la somme jusqu'au moment où elle est remise aux mains du créancier; dans le second cas, il y a remise volontaire et abandon de la propriété au faux procureur (¹). Cette distinction nous semble contraire au principe généralement admis, car il est incontestable que le créancier qui, croyant avoir affaire à Titius, véritable procureur, remet la somme due à Séius qui, par fraude, se présente en son lieu et place, ne peut être considéré comme ayant eu l'intention de consentir une translation de propriété au profit de ce dernier.

Les *furiosi, dementes, infantes* ne peuvent commettre un vol proprement dit, *quia nullum intellectum habent;* mais si le voleur n'est plus *infans;* mais *pubertati proximus,* il sera considéré comme susceptible d'avoir une intention coupable, *si jam doli capax sit;* du reste, le magistrat semble avoir reçu un certain pouvoir discrétionnaire pour décider s'il est *doli capax,* et le condamner à la peine du vol (²).

Section III

De l'objet du vol.

Après avoir énuméré les choses qui peuvent être volées, nous rechercherons celles qui ne sont point susceptibles d'être l'objet d'un vol.

(¹) L. 43, § 1, *de Furtis.*
(²) L. 23, *ibid.* — Gaïus, *Comment.*, III, § 201.

Celui qui prend la chose d'autrui peut avoir l'intention d'en retirer tous les avantages qui sont attachés au droit de propriété, et c'est le cas qui se présentera le plus souvent; mais il peut s'en présenter d'autres dans lesquels le vol ne procure que certains attributs du droit de propriété, tels qu'un droit d'usage ou de possession; aussi, à côté du *furtum ipsius rei*, il faut placer le *furtum usus* et le *furtum possessionis* ([1]).

En principe, les choses corporelles mobilières, sans distinguer si elles sont ou non dans le commerce, peuvent être l'objet d'un vol, parce qu'elles peuvent être saisies et déplacées; on peut donc voler des fruits, des arbres, et en général toutes les choses qui deviennent meubles lorsqu'elles sont séparées du fonds ([2]). Il faut assimiler aux choses les esclaves qui, à Rome, n'étaient pas considérés comme des personnes.

Dans certains cas, nous dit Gaïus, il pouvait y avoir vol d'une personne libre; ainsi, on donnait l'action *furti* au père dont les enfants avaient été volés, au mari dont la femme *in manu*, considérée comme étant *loco filiæ*, avait été enlevée, au créancier dont le débiteur avait été caché pour rendre impossible la *manus injectio*, et enfin au *magister ludi* qui s'était vu enlever un gladiateur gagé pour figurer dans un combat ([3]).

Justinien n'a reproduit que le premier des exemples donnés par Gaïus ([4]); on sait, en effet, que de son temps

([1]) L. 1, § 3, *d2 Furtis*.
([2]) L. 25, § 2, *ibid.*
([3]) *Comment.*, III, § 199.
([4]) *Instit.* liv. IV, t. I, § 9.

il n'y avait plus ni femme *in manu*, ni *judicatus*, ni *aucto-ratus*. Paul, après avoir accordé au père une action *furti* contre le voleur de son enfant, refuse formellement cette action à la mère ([1]). Si l'homme libre, après avoir été enlevé est, de plus, caché par le voleur, *celatus a suppres-sore*, il y a *plagium ex lege Fabia* ([2]). D'après Hermogénien, celui qui commet le crime du *plagium* est le plus souvent condamné *in metallum* ([3]).

Il y a *furtum usûs,* lorsqu'un dépositaire ou un créan-cier gagiste se sert de la chose déposée ou remise en gage sans le consentement du propriétaire. Il en est de même du commodataire qui fait de la chose prêtée un usage différent que celui qui a été convenu ([4]), du foulon qui se sert des vêtements qu'il doit détacher ([5]), du nu propriétaire, enfin, qui s'empare d'une chose mobilière grevée d'un droit d'usufruit ([6]).

Il peut y avoir *furtum possessionis* de la part du proprié-taire même de la chose. Celui qui s'empare d'un esclave qui lui appartient, mais qui a été donné par un tiers à une personne qui l'a reçu de bonne foi, commet un vol de possession, si le donataire a acquis un droit de rétention, en payant, par exemple, la *litis æstimatio,* le montant de la peine infligée au délit commis par cet esclave ([7]).

[1] L. 37, 38 pr. *de Furtis.*
[2] L. 6, § 2, *de Lege Fabia de Plagiariis.*
[3] L. 7, *eod. tit.*
[4] Intit. liv. IV, t. I, § 6.
[5] L. 82, pr., *de Furtis.*
[6] L. 15, § 1, *ibid.*
[7] L. 53, § 4, *ibid.*

Gaïus nous parle encore, à ce sujet, du débiteur qui soustrait l'objet qu'il a donné en gage à son créancier, et du propriétaire qui enlève une chose à un tiers qui la possède de bonne foi ([1]). Un fermier qui, s'étant engagé envers le propriétaire du fonds à conserver les fruits, pour garantir le payement du prix du fermage, les vend ou les fait disparaître de toute autre manière, commet un vol de possession en privant le propriétaire du gage qui lui appartient. Cette décision suppose que le fermier s'est dessaisi des fruits après les avoir récoltés ; mais s'il le fait avant, il commet alors un *furtum ipsius rei,* car tant que les fruits sont pendants par branches ou par racines, ils appartiennent au propriétaire ; le fermier ne les acquiert que par la perception, et s'il peut les séparer du fonds, ce n'est qu'en présumant le consentement tacite du maître, présomption qui ne peut exister dans ce dernier cas ; comment, en effet, deviendraient-ils la propriété du fermier, lorsque l'acheteur les récolte en son propre nom ([2]) ?

Dans un texte inséré au Digeste, Paul, après avoir dit que le propriétaire qui enlève une chose qui lui appartient au possesseur de bonne foi commet un vol, ajoute : et c'est là une décision assez curieuse, qu'il peut l'usucaper ; car, s'il y a *furtum,* le vice qu'elle avait contracté disparaît au moment où elle rentre en la *potestas domini.* M. Demangeat enseigne ([3]), que si l'usucapion est possible,

([1]) *Comment.,* III, § 200.
([2]) L. 61, § 8, *de Furtis.*
([3]) V. tome II, p. 381, *Cours élément. de D. R.*

c'est parce que le vol s'applique au seul droit de possession et non à la chose elle-même, qui pour ce motif ne
peut contracter le vice qui s'oppose à l'usucapion. Cette
doctrine nous paraît en contradiction avec les textes.

Pour qu'une chose puisse être volée, quelques auteurs
prétendent qu'elle doit être l'objet d'une possession au
moins naturelle. Ils s'appuient sur ce texte de Scævola :
Si nullus sit possessor, furtum negat fieri ([1]). Malgré cela,
nous donnerons l'action *furti* contre celui qui s'approprie
des marchandises rejetées par les flots sur le rivage, car
le propriétaire qui, pendant une tempête, les a jetées
dans la mer pour alléger son navire, a eu plutôt l'intention,
en les abandonnant, d'échapper au naufrage que d'en
perdre la propriété ([2]). D'après Ulpien, pour accorder ou
refuser dans ce cas l'action *furti*, il faut rechercher si le
propriétaire, en jetant ses marchandises à la mer, a eu
l'intention de les abandonner complètement, ou s'il a
conservé l'espoir de les retrouver ([3]). Cette distinction ne
nous paraît pas admissible, car celui qui, dans une tempête, se voit contraint d'abandonner des objets qui lui
appartiennent, conserve toujours une faible espérance de
les retrouver un jour.

Il nous reste à examiner les choses qui ne sont pas
susceptibles d'être volées. D'après les Sabiniens, les
immeubles pouvaient être l'objet d'un vol, parce que le
déplacement n'est pas nécessaire à l'existence du vol,

([1]) L. 1, § 15, *Si is qui testam.*
([2]) L. 9, § 8, liv. XLI, t. I.
([3]) L. 43, § 11, *de Furtis.*

puisque le commodataire qui s'approprie la chose prêtée est tenu de l'action *furti*. Les Proculiens, dont l'opinion a triomphé, enseignaient une décision contraire, parce que le mot *furtum* venant de *ferre*, emporter, implique une idée nécessaire de déplacement (¹). On peut assimiler aux immeubles les choses incorporelles qui ne peuvent être l'objet d'une *contrectatio*, bien qu'il soit possible, sans nul doute, de voler les titres qui prouvent leur existence; les objets d'un poids considérable, qui ne peuvent être emportés, ainsi, le voleur qui n'enlève qu'une partie des objets renfermés dans un *involucrum*, ne sera tenu de l'action *furti* que pour ces objets, bien que la *contrectatio* puisse s'appliquer à l'*involucrum* tout entier (²).

Le fait de s'approprier une *res nullius* ne constitue pas un vol, ces choses n'appartiennent à personne, et deviennent, par droit d'occupation, la propriété de ceux qui s'en emparent. On considère comme *res nullius*, les bêtes fauves, les oiseaux, les poissons, et, en général, tous les animaux qui naissent sur la terre, dans la mer et dans l'air (³). Certains jurisconsultes prétendaient que l'animal blessé à la chasse de manière à pouvoir le prendre, devenait dès ce moment la propriété du chasseur ; ils allaient même jusqu'à décider qu'il devait être réputé lui appartenir tant qu'il le poursuivait. Suivant d'autres, il ne lui appartenait qu'autant qu'il l'avait pris. Justinien adopte cette dernière opinion, parce que bien

---

(¹) L. 38, *de Usurpat.* — Instit. § 7, liv. II, t. 6.
(²) L. 21, § 8, *de Furtis*.
(³) Instit., liv. II, t. I, § 12.

des accidents empêchent le chasseur de prendre le gibier qu'il a blessé ([1]).

Celui qui trouve à terre et emporte pour en tirer profit un objet abandonné par le propriétaire, *derelictus a domino,* ne commet pas un vol, même s'il a l'intention d'agir contre sa volonté ; car, suivant les Sabiniens, le maître perdait, par le seul fait de l'abandon, la propriété de la chose *derelicta* qui devenait *res nullius ;* suivant les Proculiens, il fallait considérer cet abandon comme une tradition tacite volontairement consentie à une personne indéterminée ([2]). On ne pourrait de même considérer comme voleur celui qui aurait recueilli de bonne foi la chose d'autrui, croyant que son propriétaire ne veut plus la conserver ([3]).

Paul, faisant application de la règle d'après laquelle une chose qui n'est possédée par personne n'est pas susceptible d'être volée, nous dit : *Rei hereditariæ, antequam ab herede possideatur, furtum fieri non potest* ([4]). Cependant, pour ne pas laisser l'héritier sans recours contre le voleur de la chose héréditaire, jusqu'à l'adition d'hérédité, l'empereur Marc-Aurèle introduisit le *crimen capilatæ hereditatis,* qui lui permit d'obtenir la peine du double des objets volés ; mais, malgré cela, le voleur conserva le droit de les acquérir par usucapion. Paul ne nous semble pas donner le vrai motif qui a fait refuser l'action *furti*

([1]) Instit., liv. II, t. I, § 13.
([2]) L. 43, § 5, *de Furtis.*
([3]) L. 43, § 6, *ibid.*
([4]) Sentences., liv. II, t. XXXI, § 11.

contre celui qui dépouille une hérédité jacente. Il n'est pas vrai de dire en effet qu'une chose ne peut être volée si elle n'est pas l'objet d'une possession, si on admet, comme nous l'avons fait plus haut, qu'il faut considérer comme voleur celui qui s'empare de marchandises jetées dans la mer pendant une tempête, bien que le propriétaire ait forcément renoncé à toute possession. Le motif d'une semblable décision se trouve plutôt dans l'esprit de la loi romaine. Sachant combien était grand le déshonneur attaché à la mémoire de celui qui mourait sans héritier, le législateur dut employer tous les moyens capables de hâter l'adition d'hérédité ; c'est pour cela que, dans les premiers temps, il défendit de poursuivre le voleur d'un objet faisant partie d'une hérédité jacente. que plus tard il accorda bien l'action *expilatæ hereditatis,* mais en permettant toujours d'usucaper la chose héréditaire. Il supprimait donc ainsi une des principales conséquences du *furtum,* qui est de rendre toute usucapion impossible, et écartait en même temps l'action *furti.*

Contrairement au principe général que nous venons d'établir, Marcellus et Scævola donnaient l'action *furti* à l'héritier qui n'était pas encore entré en possession des biens de l'hérédité, lorsque la chose volée avait été remise par le défunt à un créancier gagiste, à un commodataire ou à un usufruitier. Dans ce cas, l'usucapion ne pouvait avoir lieu, il n'y avait donc aucun motif de refuser à l'héritier l'action *furti* ([1]). Il faut encore remarquer que, s'il se trouve dans la succession des objets ap-

([1]) L 68, 69, 70, *de Furtis.*

partenant à une personne étrangère et livrés au défunt à titre de commodat ou de gage, le propriétaire pourra exercer l'action *furti* contre le voleur de ces objets, bien que cela ne soit pas encore permis à l'héritier du commodataire ou du créancier gagiste (¹).

Dans certains cas, le légataire d'un usufruit est traité plus favorablement que l'héritier lui-même. Ainsi, en supposant le vol d'un esclave légué en usufruit, on accorde l'action *furti* à l'usufruitier avant même qu'il ait pris possession (²).

Dans ce cas, on n'accordait à l'héritier que l'action *expilatæ hereditatis*, dans le but de hâter l'adition d'hérédité ; or, un semblable motif ne pouvant s'appliquer au légataire d'un usufruit, on ne doit point s'étonner de lui voir appliquer une décision différente.

(¹) L. 14, § 14, *de Furtis*.
(²) L. 35, *de Usurpat.*

CHAPITRE II

Des peines en matière de vol.

En principe, le vol étant un délit, un fait illicite et défendu par la loi naturelle, doit être l'objet d'une sanction pénale. Mais avant de rechercher les peines qui furent appliquées en matière de vol dans les diverses périodes de la législation romaine, il importe, afin de pouvoir les apprécier, de rechercher les caractères que doit présenter une pénalité bien ordonnée.

Le vol, d'une part, est un fait illicite, il faut donc que la peine atteigne d'abord le voleur qui se met en rebellion contre la loi dont il aurait dû respecter la défense ; d'autre part, il a pour conséquence de causer un préjudice à autrui, et il est nécessaire d'imposer au voleur la réparation du dommage qu'il a causé. D'après cela, il est facile de reconnaître combien une peine simplement corporelle, qui frapperait la personne même du voleur, serait incomplète et défectueuse. Sans doute elle pourrait donner satisfaction aux intérêts généraux de la société en garantissant le respect dû au droit de la propriété, mais les intérêts de la victime du vol seraient sacrifiés, et cependant la justice exige que celui qui a injustement souffert un préjudice soit protégé par la loi.

Mais il ne faudrait pas se laisser entraîner par cet inconvénient dans un excès contraire, en admettant une peine simplement pécuniaire, qui imposerait au voleur l'obligation de restituer, par exemple, deux ou quatre fois la valeur de l'objet volé. Nous considérons cette pénalité comme défectueuse, bien qu'en théorie elle puisse se justifier, car il semble naturel que celui qui, par le vol, a voulu diminuer la fortune d'autrui, subisse lui-même une perte dans ses propres biens. On pourrait même ajouter qu'elle atteint le double but que nous exigeons, qui est celui de punir le coupable, tout en réparant le dommage, en un mot de sauvegarder les intérêts du propriétaire, aussi bien que ceux de la société. Cependant une semblable pénalité présenterait dans la pratique des inconvénients sérieux. D'abord en prenant pour exemple la peine du quadruple dans le cas de vol manifeste, on voit que la valeur seule de l'objet fixe le *quantum* de la peine et non la culpabilité même de l'auteur du vol. Il est donc impossible le plus souvent d'appliquer une peine plus ou moins rigoureuse, suivant les circonstances aggravantes ou atténuantes qui ont précédé le délit. En second lieu elle est impuissante à atteindre tous les coupables. En effet, le voleur possède-t-il des biens qui peuvent lui être enlevés, la peine recevra son application; mais s'il est insolvable, la sanction de la loi devient illusoire et le méfait reste impuni. Or, ce cas se présente assez souvent pour que le législateur adopte un système de pénalité capable d'inspirer une crainte suffisante même à ceux qui, avec une peine pécuniaire, n'ont à retirer du vol que des avantages. Nous examinerons en premier lieu les peines infligées aux voleurs par la loi des Douze Tables; en second lieu, les réformes introduites par le Droit prétorien; en troisième lieu, les peines en vigueur au temps de Justinien.

La loi des Douze Tables créa, suivant l'exemple de la législation grecque, deux grandes catégories de vol; le vol manifeste et le vol non manifeste, suivant que le voleur était ou n'était pas pris en flagrant délit. Cette division fondamentale présentait un grand intérêt au point de vue de la détermination des peines, qui étaient beaucoup plus rigoureuses dans le premier cas que dans le second. On sait, en effet, que, dans le Droit primitif des Romains, le voleur manifeste, s'il était homme libre, était battu de verges et attribué par addiction à celui qui avait été volé; s'il était esclave, il était battu de verges et précipité du haut de la roche Tarpéïenne; l'impubère enfin pouvait encore être battu de verges et condamné à réparer le dommage qu'il avait causé, si le magistrat le reconnaissait capable d'intention frauduleuse. On ne peut s'expliquer un système de pénalité aussi barbare qu'en songeant qu'il fut emprunté par les Décemvirs aux institutions de Lycurgue.

Dans le cas de vol non manifeste, sans distinguer si le voleur était homme libre ou esclave, la peine était simplement pécuniaire, elle était du double de la valeur de la chose volée.

Les jurisconsultes qui se sont occupés de la matière diffèrent sur le critérium qui doit servir à distinguer le *furtum manifestum* du *furtum nec manifestum*. Gaïus exige, pour qu'il y ait flagrant délit, que le voleur ait été arrêté dans le lieu même où il a commis le vol, et c'est l'opinion qui de son temps comptait le plus de partisans (¹).

(¹) *Comment*, III, § 184.

D'autres jurisconsultes enseignaient qu'il fallait que le voleur fût surpris au moment où il commettait le vol; d'autres enfin, qu'il fût découvert tenant encore l'objet en quelque temps et quelque lieu que ce fût. Justinien, sans entrer dans ces controverses, établit en principe qu'il faut considérer comme voleur manifeste, que les Grecs appellent επ'αυτοφωφω (voleur pris sur le fait), celui qui a été vu ou arrêté par le propriétaire ou par toute autre personne (¹), dans un lieu public ou privé, tenant encore la chose volée avant de l'avoir déposée à l'endroit où il avait l'intention de la porter; il n'est donc pas nécessaire qu'il ait été pris sur le fait avant d'avoir eu le temps de sortir du lieu où le vol a été commis (²). Dans tous les autres cas où les circonstances que nous venons de rapporter ne se présenteront pas, le vol sera non manifeste et la peine ne sera plus que du double : par exemple si le voleur est trouvé nanti de la chose volée, mais après l'avoir une première fois déposée dans le lieu où il avait l'intention de la porter le jour même du vol (³). L'opinion adoptée par Justinien avait été soutenue avant lui par Ulpien (⁴) et par Paul (⁵).

Au point de vue de la pénalité, la loi des Douze Tables distinguait encore le *furtum conceptum* et le *furtum oblatum*, et cette division résultait, non pas des caractères

---

(¹) L. 3, § 1, *de Furtis.*
(²) Instit., liv. IV, t. I. § 3. — L. 5, pr., *ibid.*
(³) L. 5, § 1, *ibid.*
(⁴) L. 3, § 2. *ibid.*
(⁵) L. 4, *ibid.*

du vol lui-même, mais des circonstances qui avaient suivi son accomplissement (¹).

Il y avait *furtum conceptum* dans le cas de recel de l'objet volé. Le vol *liciò lanceque conceptum* différait du vol simplement *conceptum*, en ce qu'il entraînait des peines beaucoup plus rigoureuses et nécessitait l'emploi de certaines formalités solennelles. Ainsi, celui qui voulait pratiquer des perquisitions chez un recéleur, devait se présenter dépouillé de ses vêtements *(nudus)* entouré d'une ceinture *(linteo cinctus)*, tenant un plat à la main *(lancem habens)* (²). Si la chose volée était ainsi découverte, celui qui était reconnu coupable de l'avoir cachée chez lui pour détourner les soupçons, était condamné à la peine capitale du vol manifeste. Mais si le vol avait été découvert sans l'emploi de ces perquisitions solennelles, il y avait *furtum* simplement *conceptum* et la peine n'était plus que du triple(³). Le recéleur était donc quelquefois traité plus sévèrement que le voleur lui-même, qui pouvait n'être condamné qu'à la peine du double, et cette sévérité envers les recéleurs était nécessaire parce qu'ils rendaient le plus souvent très-difficiles les poursuites du vol.

Le *furtum oblatum* auquel on appliquait encore la peine du triple (⁴), avait lieu lorsque le voleur avait remis la chose volée à une autre personne, afin qu'elle ne fût

(¹) Gaïus. *Comment.*, III, § 186, § 187.
(²) Gaïus *Comment.*, III, § 193.
(³) Gaïus *Comment.*, III, § 191.
(⁴) Paul. Sent, liv. II, t. XXXI, § 14.

pas trouvée chez lui. Le recéleur ainsi trompé et de bonne foi pouvait, s'il était condamné par l'action *furti concepti*, poursuivre à son tour le voleur par l'action *furti oblati* qui lui était donnée au triple ([1]).

Deux lois eurent d'abord pour conséquence de corriger le rigorisme de l'ancien Droit romain, en abrégeant les peines corporelles du vol manifeste. La loi Porcia défendit de battre de verges un citoyen romain, et la loi Petilia Papiria de le donner en addiction. Dès lors, la peine pécuniaire du quadruple pour le vol manifeste et celle du double pour le vol non manifeste furent seules en vigueur sous le droit prétorien. Les formes solennelles du *furtum licio lanceque conceptum* disparurent encore abrogées par la loi Abatia. Au temps de Gaïus, les perquisitions ne se faisaient plus qu'en présence de témoins et l'action *furti concepti* se donnait toujours au triple ([2]). Mais pour que le recéleur soit tenu de cette action, suffit-il qu'il ait consenti à garder l'objet volé sans distinguer s'il a été de bonne ou de mauvaise foi en le recevant; ou bien faut-il encore qu'il ait eu connaissance du vol? Pothier écarte ces opinions extrêmes et décide qu'il est nécessaire qu'il ait frauduleusement soutenu qu'il n'était pas possesseur de l'objet désigné sans rechercher si le vol était ou non connu par lui ([3]).

Le préteur établit encore la peine du quadruple contre

([1]) *Comment.*, III, §§ 187, 191.
([2]) *Comment.*, III, §§ 186, 191.
([3]) V. conf. Pandect, Justin. liv. XLVII. Sect. III, art. 1.

celui qui refusait de laisser pratiquer chez lui des recherches, en permettant d'intenter contre lui l'action *furti
prohibiti*. Il avait voulu combler ainsi une lacune de la loi
ancienne, qui laissait le voleur se mettre à l'abri de
l'action *furti concepti*, en s'opposant à toute perquisition
chez lui, car rien ne pouvait le contraindre à la supporter (¹). Justinien mentionne encore dans ses *Institutes* le
furtum non exhibitum, qui a lieu lorsque le recéleur
refuse de présenter l'objet trouvé chez lui et dont la
peine nous est inconnue (²). Les peines appliquées au
furtum conceptum, oblatum, prohibitum, non exhibitum
tombèrent en désuétude, et dans le dernier état du droit,
on applique à tous les recéleurs indistinctement la peine
du vol non manifeste.

Après l'abrogation du système de pénalité créé par la
loi des Douze Tables, la peine du vol devint uniquement
pécuniaire ; or, nous avons déjà vu quels inconvénients
graves il en résultait dans la pratique, dont le principal
était de laisser dans une impunité forcée le voleur insolvable. Plusieurs des jurisconsultes éminents, qui sous le
beau siècle des Antonins virent le Droit romain arrivé à
son apogée, reconnurent l'insuffisance des peines pécuniaires et permirent l'exercice d'une action criminelle,
entraînant une peine corporelle dans les cas nombreux
où elle était nécessaire à la répression des délits. Les
vols qu'Ulpien appelle *atrociores*, c'est-à-dire ceux qui

(¹) Instint., liv. IV, t. I, § 4.
(²) Instit. Liv. IV, t. I, § 4, *in fine*.

présentent un caractère de gravité exceptionnel, entraînaient des peines spéciales. Ainsi les voleurs de troupeaux, *abigœi*, étaient condamnés à mort dans les pays où ce crime était fréquent; ailleurs ils subissaient la peine des travaux forcés à perpétuité ou à temps, ou encore celle de la relégation s'ils étaient dans une position élevée (¹). Les *receptores abigœorum* étaient condamnés à dix ans de relégation (²). Les *effractores* ou voleurs avec effraction, les *expilatores* ou voleurs de grands chemins, les *saccularii* ou escamoteurs, les *directarii* ou voleurs dans les banquets, étaient punis des travaux forcés à perpétuité ou à temps, s'ils étaient d'origine plébéienne; dans le cas contraire, de la relégation (³).

Enfin, on infligeait la peine des travaux forcés à temps aux voleurs de nuit et à ceux qui volaient dans les bains publics (³).

Suivant Heineccius, les vols d'usage et de possession *qui pro vero furto non habentur*, ne peuvent être poursuivis que par une action civile; il en est de même des choses de peu de valeur, *permodicœ*. Cependant, au temps d'Ulpien, on pouvait recourir à des poursuites criminelles dans tous les vols indistinctement, toutes les fois que l'action civile était insuffisante (⁴). Nous verrons, dans la suite, si les peines résultant de ces deux actions peuvent être cumulées.

La loi des Douze Tables permettait de tuer le voleur

(¹) L. 3, § 3, *eod tit.*
(²) L. 1, liv. **XLVII**, t. 18.
(³) L. 1, *de fur. Baln.*
(⁴) L. 92, *de Furtis.*

de nuit; il fallait, pour que cette permission s'étendît au voleur de jour, qu'il se fût défendu avec des armes ([1]). Gaïus exige encore, sans distinguer si le vol a eu lieu pendant le jour ou pendant la nuit, que des cris aient été poussés par celui qui a surpris le voleur, afin qu'il ne soit pas accusé de l'avoir tué par méchanceté ([2]). Pour concilier cette décision avec celles des autres jurisconsultes qui n'indiquent point une semblable condition, il faut croire que Gaïus n'a eu en vue que d'appliquer la loi Aquilia contre celui qui s'est trouvé dans un des cas où la loi permet bien de tuer le voleur, mais qui n'a pas employé tous les moyens de l'arrêter sans en venir à cette extrémité et ce qui nous autorise à interpréter ainsi ce texte de Gaïus, c'est qu'il se trouve inséré au Digeste au titre de la loi Aquilia. Il faut expliquer de même un texte d'Ulpien, qui ne permet de tuer le voleur pendant la nuit comme pendant le jour, que dans le cas de légitime défense ([3]).

Enfin, une dernière peine infligée à tous les voleurs sans distinction, est l'infamie : *furti quocumque genere condamnatus, famosus dicitur* ([4]). Mais il est à remarquer que le vol étant un fait illicite défendu, non pas *jure civili*, mais *jure naturali*, entraîne l'infamie contre son auteur, lors même qu'il n'y aurait eu aucune condamnation prononcée, par suite d'une transaction entre les

([1]) Tab. Octava, XII, XIII.
([2]) L. 4, § 1, liv. IX, t. II.
([3]) L. 9, liv. XLVII, t. 8.
([4]) Sent. de Paul, liv. II, t. 31, § 15.

parties ('). D'après Ulpien, il faut excepter le cas où la transaction a été ordonnée par le préteur (²). Il faut encore écarter l'infamie toutes les fois que le voleur subit une peine plus sévère que celles qui sont établies par les lois, par exemple lorsqu'il est condamné aux travaux forcés ou à la rélégation.

Nous venons de voir qu'au temps de Justinien, la peine du vol manifeste est du quadruple, que le vol ait été commis par un esclave ou par un homme libre; tandis que celle du vol non manifeste n'est que du double (³). C'est donc une amende qui est infligée au voleur, et qui s'élève tantôt à quatre fois, tantôt à deux fois la valeur de la chose volée. Mais ici se présente une question importante au sujet de la fixation du *simplum*, c'est-à-dire de la valeur qui doit être prise comme unité, pour être ensuite multipliée par deux ou par quatre. D'abord, à quel moment faut-il se placer pour estimer la chose volée? Si sa valeur s'est maintenue égale, ou si elle a diminué depuis le jour du vol, c'est suivant le prix qu'elle valait à cette époque qu'il faut l'estimer. Si elle a augmenté de valeur depuis le vol, il faut prendre la plus élevée qu'elle a atteint ('). Pothier motive cette décision en disant que le vol doit être considéré comme une série de faits délictueux, qui se succèdent sans cesse, tant que le voleur reste en possession de l'objet volé. On peut

---

(') L. 4, § 5 et 1. 5, liv. III, t. 2. — Gaïus *Comment.*, IV, § 182.
(²) L. 6, § 3, *cod. tit.*
(³) Inst., liv. IV, t. 1, § 5.
(⁴) L. 50, pr. *de Furtis.*

encore ajouter que le propriétaire ne doit pas être privé du bénéfice qu'il aurait pu réaliser en le vendant au moment où il a eu le plus de valeur.

On peut encore appliquer cette règle, lorsqu'un esclave, encore enfant, grandit pendant qu'il est possédé par le voleur; l'estimation devra se faire, dans ce cas, suivant la valeur de l'esclave adolescent ([1]). De même, si le voleur a fait des coupes avec le lingot d'argent qu'il a volé, il faudra considérer le prix des coupes et non celui du lingot ([2]). En second lieu, comment faudra-t-il estimer la chose volée? Rechercherons-nous uniquement sa valeur réelle, ou bien sa valeur relative calculée d'après l'intérêt que le propriétaire avait à sa conservation? Nous répondrons à cette question comme à la première : il faudra prendre la valeur réelle de l'objet toutes les fois que l'intérêt du propriétaire lui sera égal ou inférieur; dans le cas contraire, il faudra lui donner un prix assez élevé pour l'indemniser de toutes les pertes qui sont la conséquence directe du vol. Ainsi, un esclave institué héritier est volé et meurt avant d'avoir fait adition au profit de son maître, le voleur devra payer deux ou quatre fois la valeur de l'hérédité tout entière ([3]). Il en est de même lorsqu'un vendeur, après s'être engagé sous clause pénale à livrer à une époque déterminée une chose qui lui a été volée, a dû en payer le montant faute d'avoir exécuté la convention du contrat ([4]). De même,

([1]) L. 67, § 2, de Furtis.
([2]) L. 52, § 14, ibid.
([3]) L. 52, § 28, ibid.
([4]) L. 67, § 1, ibid.

enfin, lorsque le vol a eu pour objet des quittances constatant le payement d'une créance, parce que le débiteur
peut réclamer le montant de la dette qu'il a payée par
une *condictio indebiti* (¹).

Ulpien paraît admettre un principe directement contraire, lorsqu'il nous dit qu'il faut rechercher, pour la
fixation du *simplum, non id quod interest, sed verum rei
pretium* (²). Mais la généralité même du texte nous autorise à croire qu'il n'a eu en vue que les cas particuliers
dans lesquels il est très-difficile d'estimer autrement la
chose volée qu'à sa valeur réelle, par exemple lorsqu'elle
a été léguée sans condition (³). D'ailleurs, il est impossible de baser l'estimation sur le *verum rei pretium* pour
fixer la peine du *furtum usûs* ou *possessionis*, puisque le
voleur n'a pas voulu s'approprier la chose elle-même,
mais seulement un des attributs du droit de propriété.

(¹) L. 27, pr. *de Furtis.*
(²) L. 50, pr. *ibid.*
(³) L. 80, § 1, *ibid.*

CHAPITRE III

Des actions relatives au vol.

Les actions accordées par la loi en matière de vol ont pour but de permettre un recours à l'autorité publique, afin d'obtenir contre le voleur l'application d'une peine, et au profit de la partie lésée le rétablissement d'un droit méconnu. Ainsi la personne qui a été victime d'un vol, peut intenter une action civile ou criminelle : si elle agit *civiliter*, deux actions lui sont successivement accordées, d'abord la *rei_vindicatio* ou la *condictio furtiva* qui, l'une et l'autre, lui procurent la restitution de la chose et la réparation du préjudice qu'elle a souffert, ensuite l'action *furti* dont l'exercice entraîne une condamnation du double ou du quadruple ; si elle agit *criminaliter*, elle tend à obtenir en même temps l'application de la peine et la restitution de la chose volée. La partie intéressée peut donc à son choix poursuivre par la voie civile ou criminelle ; mais il faut décider que ces deux actions ne peuvent se cumuler, malgré le principe général qui se trouve dans une constitution des empereurs Valens, Gratien et Valentinien, d'après laquelle il serait permis d'intenter à la fois l'action civile et criminelle dans tous les délits privés, *quoties de re familiari agitur* ([1]). Nous admettons une opinion contraire, parce que ces deux ac-

---

([1]) Liv. IX, t. 31, *quando civilis actio*. Code.

tions tendent au même résultat et nous pouvons de plus invoquer une loi spéciale à notre sujet d'après laquelle, quand même le voleur n'aurait été condamné une première fois qu'à la restitution de la chose, *nec amplius aliquid in eum judex constituerit*, toute poursuite nouvelle est désormais impossible, parce que le voleur est assez puni, *quod in periculum majoris pœnæ deductus est* [1].

L'action civile se sépare de l'action criminelle par des différences importantes. Celui qui veut agir *criminaliter* doit se soumettre à l'obligation préalable de la *subscriptio in crimen*, d'après laquelle il s'engage à subir lui-même la peine dont il réclame l'application contre le voleur, si son accusation est jugée calomnieuse [2], tandis que celui qui agit par l'action civile n'a pas à craindre dans ce cas la peine du talion. L'action criminelle permet au magistrat d'infliger une peine le plus souvent corporelle, qu'il peut varier suivant la culpabilité même du voleur ; l'action civile, au contraire, entraîne toujours une peine pécuniaire comme l'action *furti manifesti* ou *nec manifesti*, qui ne peut s'élever que suivant la valeur de l'objet volé. Enfin l'action criminelle est directement portée devant le magistrat, le préfet des gardes de nuit à Rome, le président de la province, dans les provinces [3] ; tandis que l'action civile, suivant une procédure moins rigide, est portée devant le juge désigné par le magistrat.

---

[1] L. 56, § 1, *de Furtis*, D.
[2] L. 92, *ibid.* — L. 3, *de priv. delict.*
[3] L. 3 § 1, *de Offic. præfect. vigil.* — L. 13, *de Offic. præs.*

Les actions civiles relatives au vol dont nous allons exclusivement nous occuper peuvent se diviser en deux classes : la première comprend celles qui offrent un caractère pénal, telle est l'action *furti* par laquelle la partie lésée tend à faire prononcer une peine pécuniaire, une sorte d'amende qui s'élève au double ou au quadruple de la valeur de l'objet volé, *furti actio sive dupli sive quadrupli, tantum ad pœnæ persecutionem pertinet;* la seconde comprend celles qui tendent seulement à faire recouvrer la chose, *ipsius rei persecutionem intrinsecùs habet dominus* ([1]).

En se plaçant à un autre point de vue, on peut distinguer les actions qui peuvent être intentées d'après les principes généraux du Droit, comme la *rei vindicatio* et *l'actio ad exhibendum*, et celles qui sont la conséquence directe et exclusive du vol, comme *l'actio furti* et la *condictio furtiva*. Le propriétaire peut choisir suivant son intérêt entre la *rei vendicatio* et la *condictio furtiva*, mais il ne peut les intenter cumulativement, parce qu'elles tendent toutes les deux au même but. Nous laisserons encore de côté la *rei vendicatio* et *l'actio ad exhibendum* qui n'offrent rien de particulier à notre sujet, pour examiner successivement ce qui concerne les actions spéciales qui naissent du vol; d'abord l'action *furti*, ensuite la *condictio furtiva*.

([1]) Instit., liv. **IV**, t. 19.

Section Ire

De l'action Furti.

§ 1. A qui elle est donnée.

L'action *furti* appartient, en principe, à celui qui avait intérêt à ce que la chose ne fût pas volée (¹). Parmi les personnes intéressées à la réparation du dommage causé par le vol, il faut placer tout d'abord le propriétaire, dont l'intérêt est supposé, quand même il serait obligé de transférer à un tiers la propriété de la chose. Ainsi le vendeur d'un esclave qui a été volé avant qu'il ait eu le temps de le livrer à l'acheteur, peut intenter l'action *furti*, soit parce qu'il conserve la propriété jusqu'à la tradition, soit parce qu'il est tenu de céder à l'acheteur toutes les actions relatives à la chose vendue (²). De plus, il lui suffit d'agir *jure dominii*, sans qu'il soit obligé à déterminer le montant de son intérêt, et c'est pour ce motif qu'il lui est permis d'agir par l'action de vol, lorsqu'il possède un droit de propriété soumis à une condition suspensive ou résolutoire (³). Cependant, nous verrons dans la suite certains cas dans lesquels l'action *furti* est refusée au propriétaire et peut même être intentée contre lui.

(¹) L. 10, *de Furtis*. — Instit., liv. IV, t. 1, § 13.
(²) L. 80, *de Furtis*.
(³) L. 80, § 1, *ibid*.

Lorsque certains attributs du droit de propriété se trouvent détachés au profit d'une ou plusieurs personnes, il leur est permis aussi bien qu'au propriétaire de poursuivre le voleur parce qu'elles ont intérêt à recouvrer la chose volée : par exemple, le créancier gagiste peut. intenter l'action *furti*, parce qu'il est intéressé à conserver les garanties de sa créance (¹), et il a ce droit lors même que son débiteur est solvable, car *plus cautionis in re est, quam in persond* (²).

Le débiteur qui a conservé la propriété de la chose engagée aura lui aussi l'action de vol, parce qu'il a intérêt à la recouvrer si sa valeur dépasse le montant de la dette (³). Lorsque deux objets ont été donnés en gage, le créancier auquel l'un d'eux a été volé, aura un intérêt suffisant pour agir, même dans le cas où la valeur de celui qui reste dépasse celle de la créance (⁴).

En prenant toujours pour base l'intérêt qui est la cause génératrice de l'action, Papinien décide que si deux esclaves donnés en gage ont été volés, le créancier à qui il est dû, par exemple, dix et qui les a obtenus en réclamant l'un d'eux, ne peut agir pour l'autre ; il doit donc diviser sa créance, s'il veut conserver le droit d'agir pour les deux esclaves (⁵). Le créancier gagiste qui peut réclamer non-seulement la valeur qui lui est due, mais encore celle de la chose engagée, si elle est

---

(¹) L. 26, *de Pign. et Hypoth.* Code.
(²) L. 25, *de Reg. Jur.* D.
(³) L. 12, § 2, *de Furtis.*
(⁴) L. 14, § 5, *ibid.*
(⁵) L. 14, § 7, *ibid.*

supérieure, à moins que le vol n'ait été commis par le débiteur lui-même ([1]), doit-il lui restituer l'excédant? Ulpien décide qu'il devra lui restituer l'excédant de la créance ([2]), à moins qu'il ait volé la chose, car il ne peut lui être permis de reprendre ce qu'il a été contraint à payer par l'action *furti* ([3]). Il faut encore accorder l'action de vol à l'usager et à l'usufruitier, puisqu'ils ont intérêt à recouvrer leur droit d'usage et d'usufruit en reprenant la chose elle-même ([4]), et enfin, au fermier, quand même les fruits auraient été volés avant la récolte ([5]).

Du premier principe que nous venons d'établir, en découle un autre, d'après lequel tous ceux qui, devant veiller à la conservation d'une chose sont responsables de leur faute, peuvent recourir à l'action *furti*. Le vol en effet, ne peut être considéré, sauf exceptions, comme un événement fortuit et de force majeure, parce que celui qui se laisse dépouiller d'une chose est toujours coupable d'une certaine incapacité ou négligence. Ainsi, le commodataire qui est soumis à l'action *commodati* envers le propriétaire lorsque la chose a été volée, parce qu'il est responsable de sa faute, peut intenter l'action *furti*, à moins que le vol n'ait été commis par le commodant lui-même, car alors il n'a à craindre aucun recours de sa part, et l'intérêt qui lui permet

([1]) L. 87, *ibid.*
([2]) L. 15, *ibid.*
([3]) L. 79, *ibid.*
([4]) L. 46, § 1 et 3, *ibid.*
([5]) L. 26, § 1, *ibid.*

d'agir dans le cas contraire disparaît avec sa responsabilité. Cependant, dans ce dernier cas, il faudrait le considérer comme intéressé à reprendre la chose prêtée, si des dépenses nécessaires avaient fait naître à son profit un droit de rétention : *interfuit ejus, potuis per retentionem eas servare, quam ultrò commodati agere* (¹).

Paul, prévoyant le cas où la chose prêtée a été volée par l'esclave du commodant entre les mains du commodataire, donne le droit au commodant de le poursuivre par l'action *commodati*, et il ajoute que le commodataire peut à son tour recourir par l'action *noxale* contre le maître de l'esclave qui a, du reste, la faculté d'éviter toute poursuite, soit en renonçant à l'action *commodati*, soit en restituant ce qu'il a reçu du commodataire, qui, libéré de toute responsabilité, ne pourra plus agir faute d'intérêt (²). Le même jurisconsulte, supposant encore que la chose prêtée a été dérobée par l'esclave du commodataire, décide que le commodant peut exercer contre lui l'action *commodati*, tandis que le commodataire n'a aucune action contre son esclave (³).

Parmi les personnes qui se trouvent responsables lorsque le vol a été commis par leur faute, il faut placer encore le possesseur de bonne foi (⁴), le *locator operarum*, le *conductor operis*, par exemple le foulon qui doit veiller à la conservation des habits qu'il a reçus (⁵), et enfin

(¹) L. 59, *de Furtis*.
(²) L. 53, § 1, *ibid*.
(³) L. 53, § 2 *ibid*.
(⁴) L. 20, § 1, *ibid*.
(⁵) Gaïus. *Comment.*, III, § 205.

l'*inspector* qui reçoit une chose pour l'examiner ([1]).

Pour que l'action de vol appartienne aux diverses personnes que nous venons d'énumérer, il est une condition nécessaire, c'est qu'elles soient solvables; car, dans le cas contraire, leur responsabilité devenant illusoire, elles ne sont pas intéressées à recourir contre le voleur pour être indemnisées d'un dommage pécuniaire qu'elles ne peuvent subir : *qui nihil habet quod perdat, ejus periculo nihil est* ([2]). Dans l'ancien Droit, cette règle était générale et s'appliquait même au commodataire; mais Justinien introduisit une innovation en cette matière et décida que l'action de vol n'appartiendrait au commodataire que suivant la volonté du commodant. Celui-ci peut, en effet, choisir entre l'action *furti* et l'action *commodati*, sans distinguer si le commodataire est ou non solvable; ainsi on vit disparaître les difficultés qui s'élevaient lorsque la solvabilité du commodataire au moment du vol disparaissait avant d'avoir intenté l'action *furti*. Mais le commodant ne peut exercer que l'une ou l'autre de ces deux actions, et s'il intente par exemple l'action *commodati directa*, l'action *furti* appartient au commodataire seul; s'il choisit l'action *furti*, le commodataire se trouve libéré envers lui, à moins qu'il n'ait pas eu connaissance du vol dans le premier cas ([3]).

Celui qui intente une action *furti* en qualité de propriétaire, d'usufruitier ou d'usager, bénéficie de la peine

---

([1]) L. 78, *de Furtis*.
([2]) L. 12, pr., *ibid*.
([3]) L. 22, §§ 1 et 2, *ibid*., Cod⁽. — Instit., liv. IV, t. 1, § 16.

pécuniaire du double ou du quadruple qui est infligée au voleur. Mais le commodataire qui est poursuivi par l'action *commodati* et qui a, par l'action *furti*, obtenu par exemple deux fois la valeur de la chose prêtée, devra-t-il tout restituer au propriétaire ? Cette question, après avoir soulevé plusieurs controverses, a été tranchée d'une façon définitive par Justinien, qui a décidé que le commodataire peut conserver le montant de la peine, car, *ubi periculum, ibi et lucrum collocatur* (¹).

L'action *furti* n'est pas accordée indistinctement à tous ceux qui avaient intérêt à ce que le vol ne fût pas commis, il faut encore que cet intérêt soit honnête et légitime et qu'il résulte encore d'une perte occasionnée par le vol, et non de la privation d'un gain. Ainsi, celui qui possède un objet *pro hœrede*, ne peut recourir par l'action de vol s'il lui a été volé, bien qu'il puisse l'usu-caper, parce qu'en réalité il est seulement privé de la faculté de l'acquérir (²). Il n'est pas douteux que le voleur qui est dépouillé par un second voleur de la chose qu'il a volée, n'a point contre lui l'action *furti*, à moins que le vol ait pour objet, non la chose elle-même, mais un droit dont elle est grevée au profit d'un tiers ; tel est le cas du propriétaire qui enlève la chose engagée au créancier gagiste. De même, on ne peut traiter comme le voleur celui qui achète imprudemment une chose furtive ; il n'en devient pas, il est vrai, propriétaire, mais il a intérêt à la retrouver pour éviter un préjudice, car, si

(¹) L. 22, § 3 *eod. tit.*
(²) L. 71, § 1, *de Furtis.* D.

le vol n'avait pas eu lieu et s'il eût été poursuivi par le propriétaire, il aurait pu recourir pour cause d'éviction contre le vendeur et obtenir la restitution du prix qu'il a payé (¹). Le voleur d'un esclave peut encore poursuivre le maître, dans le cas où cet esclave aurait commis un *furtum* à son préjudice au profit du maître, parce que l'intérêt résultant du dommage souffert ne résulte pas de son propre délit, mais de celui dont il a été victime ; du reste, ce serait faire injustement profiter le maître de l'esclave d'une chose qui ne lui appartient pas (²).

Lorsque le vol a pour objet une chose comprise dans un pécule confié à un esclave ou à un fils de famille, l'action *furti* appartient au maître ou au père de famille (³). Cependant Ulpien accorde au fils une action de vol utile lorsque le père est absent, de peur qu'à son retour la disparition du voleur ait déjà rendu toute poursuite impossible (⁴).

Après la mort de la partie lésée, le droit d'intenter l'action *furti* passe à ses héritiers ou autres successeurs universels, tels que l'adrogeant qui succède à tous les droits de l'adrogé, même à ceux qui ont pris naissance avant l'adrogation (⁵).

(¹) L. 52, § 10, *de Furtis*.
(²) L. 67, § 4, *ibid.*
(³) Paul. Sent., liv. XXXI, § 20.
(⁴) L. 18, § I, liv. V, t. 1.
(⁵) L. 41, § 1, *de Furtis*.

§ 2. *A qui elle est refusée.*

L'action *furti* ne peut être intentée par le possesseur même de bonne foi qui n'a aucun intérêt à ce que le vol ne fût pas commis. Suivant ce principe, il faudra la refuser à toute personne responsable de sa faute dans le cas de vol, qui n'est pas solvable et ne peut souffrir du *furtum*. Si le preneur et le commodataire ne répondent pas de leur faute, d'après les conventions du contrat, on ne peut les considérer comme intéressés à recourir à l'action *furti* pour obtenir réparation d'un préjudice quelconque, puisqu'ils ne peuvent être poursuivis, l'un par l'action *locati*, l'autre par l'action *commodati*. Quant au dépositaire, qui n'est responsable que de son dol, *custodiam non præstat* et qui, pour ce motif, ne peut être tenu de l'action *depositi* lorsque la chose qui lui a été confiée n'a été volée que par sa faute, il n'a donc aucun intérêt à intenter l'action de vol qui n'appartient qu'au propriétaire [1]. Mais s'il a été convenu que le dépositaire répondra de sa faute, ou s'il a réclamé le dépôt, il faut admettre une décision contraire [2]. Enfin, s'il s'est rendu coupable de dol, bien que le propriétaire de la chose déposée puisse recourir contre lui, il n'aura point l'action *furti*, parce que le dol ne peut lui donner naissance.

Celui qui a reçu la concession d'un esclave à précaire, n'est pas tenu de le rendre d'après une action de Droit

[1] L. 14, § 3, *de Furtis.*
[2] Inst., § 2, liv. IV, t. 2.

civil, mais pour l'interdit de *precario* accordé par le préteur; il n'est responsable que de son dol et doit être assimilé au dépositaire. Cependant, depuis Ulpien, il faut accorder l'action *furti* au précariste contre lequel l'interdit a été donné, parce qu'il devient alors responsable de sa faute ([1]).

L'intérêt qui ne reposera pas sur une cause honnête, ne pourra donner naissance à l'action *furti* pas plus que s'il n'existait pas ([2]). Telle sera la situation du possesseur de mauvaise foi, bien qu'il soit intéressé à recouvrer la chose volée qui est à ses risques, du voleur qui a été dépouillé à son tour de la chose volée, bien qu'il soit exposé à être poursuivi par *condictio furtiva*, car : *nemo de improbitate suâ consequitur actionem* ([3]). Servius propose une exception inadmissible dans le cas où la chose volée se trouve sans propriétaire, il accorde alors l'action *furti* au premier voleur contre le second : il faut écarter sa décision, parce que l'intérêt ne peut produire l'action qu'il veut lui donner, que lorsque le vol a occasionné une perte, et non lorsqu'il a privé d'un gain ([4]), et on peut ajouter qu'elle est contraire au princiqe : *in pari causâ melior est causa possidentis*. Il faut encore, et pour le même motif, refuser l'action *furti* au locataire ou mandataire, et au *negotiorum gestor* qui, par dol, ont laissé commettre le vol ([5]).

([1]) L. 14, § 11, *de Furtis.*
([2]) L. 11, *ibid.*
([3]) L. 12, § 1, *ibid.*
([4]) L. 76, § 1. L. 71, § 1, *ibid.*
([5]) L. 14, §§ 8, 9, *ibid.*

Le débiteur propriétaire de la chose engagée peut, en règle générale, intenter l'action *furti,* mais il faut lui refuser lorsque cette chose est d'une valeur égale ou inférieure au montant de la créance, car il n'a aucun intérêt à la conserver, puisqu'elle doit servir toute entière à désintéresser le créancier (¹).

Il ne suffit pas que l'intérêt repose sur une cause honnête; l'action de vol est encore refusée à ceux qui ne détenaient pas la chose *voluntate domini;* ainsi, le tuteur, le curateur et le gérant d'affaires, sont sans doute responsables de leur faute, et peuvent, à cause du vol, être poursuivis par l'action de tutelle, de curatelle ou *negotiorum gestorum;* mais il n'ont pas, malgré cela, l'action de vol, à moins qu'ils n'en aient obtenu la cession (²).

Il en sera de même, à plus forte raison, de ceux qui n'avaient ni la propriété, ni la possession, ni la détention de la chose volée. D'après cela, le créancier, par stipulation ou par testament de la chose volée, ne peut agir contre le voleur, pas plus que la femme dans le cas de vol des biens dotaux, qui sont cependant à ses risques (³). Avant la tradition de la chose vendue, l'acheteur, qui n'est encore que créancier, n'a pas l'action de vol qui n'appartient qu'au vendeur. Cependant, Paul l'accorde à tous les deux, parce qu'ils ont intérêt à recouvrer la chose, l'un pour la livrer, l'autre pour la recevoir (⁴). Il

(¹) L. 46, § 4. *De Furtis.*
(²) L. 85, — L. 53, § 3, *ibid.*
(³) L. 49, *ibid.*
(⁴) Sent., liv. II, t. XXXI. § 17.

faut croire, avec Pothier ([1]), que Paul n'a voulu parler que d'une action utile accordée à ceux qui ont droit à une cession d'action.

§ 3. *Contre qui elle peut être intentée.*

L'action *furti* peut être intentée contre le voleur, fût-il même propriétaire de la chose volée, comme nous l'avons déjà remarquée au sujet du *furtum usûs* et du *furtum possessionis*.

Le complice peut être poursuivi comme le voleur lui-même ; tel est celui qui fait tomber notre argent pour qu'un autre puisse s'en saisir ; celui qui se place devant vous pour que le voleur s'empare de votre chose sans que vous le voyez ; celui, enfin, qui met en fuite un troupeau pour en faciliter la capture : *et hoc veteres scripserunt de eo qui panno rubro fugavit armentum.* Mais, pour que la complicité puisse résulter de ces divers actes, il faut qu'ils aient été accomplis dans le but de rendre possible et plus facile l'accomplissement du vol ; ainsi, celui qui n'aurait agi que par étourderie, *per lasciviam,* ne serait tenu que d'une action *in factum* ([2]). On considère encore complice, celui qui place une échelle sous les fenêtres d'une maison, qui brise une porte ou une fenêtre pour procurer une entrée au voleur, celui enfin qui prête des instruments ou des échelles qui doivent servir à des

---

([1]) V. Conf., liv. XLVII. *Pandect.*, t. 2, 45.
([2]) Gaïus. *Comment.*, III, § 202.

effractions ou escalades; mais, il faut toujours supposer
l'intention de prêter assistance à l'accomplissement du
vol (¹). Il n'est donc point douteux que celui qui brise
une porte par vengeance ou par pure méchanceté, *inju-
riæ causá*, n'est point complice des voleurs qui ont
profité de l'effraction pour s'introduire dans la maison
et commettre un vol (²). Il faudrait cependant le traiter
comme complice, s'il savait que des voleurs avaient l'intention de profiter de l'acte qu'il n'a accompli que pour
infliger méchamment un dommage à autrui (³).

Les exemples de complicité qui viennent d'être énumérés ne peuvent soulever la moindre difficulté, puisqu'ils sont l'objet d'une décision formelle des jurisconsultes : mais, sachant que l'énumération qu'ils nous
donnent n'est pas limitative, il est nécessaire d'établir
un *criterium* de complicité qui nous fasse connaître, en
règle générale, ceux qui peuvent être poursuivis comme
complices par l'action *furti*. Il règne, à cet effet, une
certaine confusion dans les textes, qui résulte, selon
nous, des interprétations différentes que peuvent recevoir les éléments constitutifs de la complicité. Ulpien
nous indique deux sortes de faits bien distincts, d'où
peut résulter la complicité, et nous donne le sens dans
lequel il prend les expressions qui les déterminent :
*consilium autem dare videtur, qui persuadet et impellit atque
instruit consilio ad furtum faciendum. Opem fert qui mi-*

(¹) Instit., liv. IV, t. 1, § 11.
(²) L. 53, pr. *de Furtis.*
(³) L. 50, § 1, *ibid.*

nisterium atque adjutorium ad subripiendas res præbet (¹).

Il existe donc une différence incontestable et bien marquée entre celui qui prête au voleur une assistance effective par l'accomplissement d'un fait matériel, *ope*; et celui qui facilite le vol par des exhortations et des renseignements donnés au voleur, *consilio*. Mais la réunion de ces deux éléments est-elle nécessaire pour qu'il y ait complicité; est-il possible, au contraire, d'être complice *opere tantum* ou *consilio tantum*? La majorité des jurisconsultes nous disant que celui-là peut être tenu de l'action *furti* qui a favorisé le vol, *ope aut consilio*; semblent bien, par l'emploi de cette particule disjonctive, admettre une double complicité. De plus, Gaïus, Paul et Ulpien admettent, sans nul doute, par les exemples qu'ils citent, qu'on peut être complice *opere tantum* (²), et enfin Labéon nous dit formellement : *aliud factum est ejus qui ope, aliud ejus qui consilio furtum facit* (³). Maintenant, la complicité peut-elle naître du *consilium* seul donné au voleur? La négative ou l'affirmative doit dépendre du sens donné à ce mot, et c'est ce qui nous explique la contra-riété qui semble exister entre plusieurs textes. Lorsque le *consilium* ne sera autre chose qu'une exhortation, un encouragement à commettre le vol, on devra décider qu'on ne peut être complice *consilio tantum*.

Telle est la pensée de Justinien lorsqu'il nous dit : *Qui tantum consilium dedit atque hortatus est ad furtum*

(¹) L. 50, § 3, *de Furtis*.
(²) L. 50, § 4, *ibid*.
(³) L. 53, § 2, *de Verb. signif*. (T. 16).

faciendum non tenetur furti (¹). Ulpien rapporté un cas dans lequel le *consilium*, tel que nous venons de l'interpréter, peut seul constituer le fait de complicité ; il ne nous contredit nullement puisque, dans l'espèce supposée, le conseil n'est pas donné au voleur, mais à l'esclave auquel on a conseillé la fuite pour qu'il soit volé par un autre (²). Mais si nous donnons au mot *consilium* un sens plus étendu, et si nous pensons avec Ulpien qu'il ne signifie pas seulement un simple conseil ou encouragement, mais encore des instructions ou renseignements qui facilitent l'accomplissement du délit, il faut décider qu'on peut être complice *consilio tantum*. On lit, en effet, dans la loi 50, § 3 : *consilium dare videtur qui persuadet et impellit atque instruit consilio ;* il faut donc interpréter dans le même sens un nouveau texte d'Ulpien, d'après lequel : *opem ferre, vel consilium dare tunc nocet, cum secuta contrectatio est* (³).

Pour expliquer une décision de Paul, il faut, suivant M. Demangeat (⁴), donner un autre sens au mot *consilium,* qui peut signifier d'une façon générale, la connaissance qu'on a du caractère et des conséquences d'un acte. Ulpien dit, en effet, dans ce texte (⁵), que celui qui a favorisé le vol *opere tantum,* soit par un acte matériel tel que l'effraction d'une porte, doit avoir agi sachant qu'il s'agit d'un *furtum ;* sans cela il n'y aurait pas le

(¹) Instit., liv. IV, t. 1, § 11, *in fine.*
(²) L. 36 pr., *de Furtis.*
(³) L. 52, § 19, *ibid.*
(⁴) V. Conf. *Cours de D. R.* T. II, p. 386.
(⁵) L. 53, § 2, *de Verb. signif.*

consilium malignum, qui est nécessaire pour que le complice soit tenu de l'action *furti*, il en est de reste, comme de l'auteur principal qui ne peut être poursuivi lorsqu'il a eu la persuasion de ne pas commettre un vol, car il n'y a pas alors *contrectatio rei fraudulosa*. Enfin la complicité ne résulte pas seulement de l'assistance effective donnée au voleur; mais il faut encore que le *furtum* ait été commis : c'est un fait accessoire, qui ne peut exister qu'autant que le fait principal, la *contrectatio*, a déjà eu lieu; bien qu'il ait ensuite une existence indépendante. Ainsi, je ne pourrai vous poursuivre par l'action *furti* pour le fait seul d'avoir mis en fuite et poursuivi mon paon et l'avoir ainsi fait périr, si quelqu'un ne s'en est ensuite emparé ([1]).

Indépendamment du voleur et du complice, on peut encore intenter l'action de vol contre le recéleur qui a consenti de mauvaise foi à cacher chez lui soit la chose furtive ([2]), soit le voleur lui-même; mais Ulpien ne considère pas comme recéleur celui qui, connaissant le voleur, refuse de le faire connaître ([3]).

L'action *furti* est donnée *in solidum* contre tous les voleurs, complices ou recéleurs qui sont réunis par un même délit; c'est là une conséquence de son caractère pénal, qui exige que chacun des coupables subisse toute la peine de son délit, sans que le nombre puisse en diminuer le *quantum* ([4]). Suivant ce principe il faudrait, en

([1]) L. 37, *de Furtis*.
([2]) L. 14, *ibid.* Code.
([3]) L. 48, § 1, *ibid.* D.
([4]) L. 1, *de Condict. Furtiv.* Code (IV, 8).

supposant le vol commis par plusieurs esclaves appartenant à un même maître, décider qu'il doit abandonner
noxaliter tous ces esclaves ou payer le montant de la
litis æstimatio autant de fois qu'il y a de délinquants.
Mais le préteur vint écarter cette conséquence trop
rigoureuse, qui pouvait entraîner la ruine du maître, en
le mettant à la discrétion du mauvais vouloir de ses
esclaves et lui permît de les conserver, en payant une
seule fois la peine du double ou du quadruple, *tantum
offerat, quantum si unus liber fecisset furtum, et retineat
familiam suam* (¹).

Le voleur peut être condamné à une peine qui varie
entre le double ou le quadruple de la valeur de la chose
volée, tandis que le recéleur et le complice subissent
une peine invariable, qui est celle du vol non manifeste (²).

Le préteur a permis d'intenter une action de vol qui
est toujours donnée au double, contre les bateliers ou
aubergistes, lorsqu'un vol a été commis sur leur bateau
ou dans leur auberge, par les personnes employées à
leur service, au préjudice d'un voyageur. Cette responsabilité, qui tendait à augmenter la sécurité publique,
résultait de la faute imputée au batelier ou à l'aubergiste, qui était censé ne pas avoir pris un soin suffisant
à n'introduire chez lui que des serviteurs honnêtes (³).
Il est bien entendu, du reste, que leur responsabilité

(¹) L. 1, liv. XXVII, t. 6. D.
(²) L. 34, *de Furtis*. — Inst., liv. IV, t. 1, § 4 *in fine*
(³) L. 1, § 5, liv. VLVII, t. 5.

n'était pas engagée lorsque le vol avait été commis par un étranger reçu sur le bateau ou dans l'auberge ; car il leur est impossible de prendre des renseignements sur les personnes qu'ils sont obligés de recevoir tous les jours. De même encore l'action *furti* ne peut être intentée contre l'aubergiste au nom de l'esclave qui lui appartient et qui a volé dans son auberge, parce que, nous dit Ulpien, celui qui achète un esclave ne pouvant le plus souvent se renseigner sur ses défauts, ne doit pas être tenu de sa négligence à ce sujet ([1]). Le préteur fait encore preuve d'une grande sévérité envers les bateliers et aubergistes, en décidant que le vol commis par un serviteur les rend personnellement responsables, et qu'ainsi l'action pénale ne s'éteint point par la mort de l'auteur du délit; cependant, l'action noxale ne peut être donnée dans ce cas contre le maître après la mort de l'esclave ([2]).

A Rome, les esclaves n'étant pas considérés comme des personnes, ne peuvent avoir ni droits ni actions et être soumis à un recours juridique; pour ce motif, la partie lésée par le vol d'un esclave devra recourir contre son maître, et ce ne sera plus par l'action *furti*, mais par une action spéciale qui remonte à la loi des Douze Tables ([3]). Celui qui est poursuivi par l'action noxale pour le vol de son esclave peut se libérer, soit en payant la *litis æstimatio*, soit en abandonnant la propriété de cet esclave

([1]) L. 7, § 4, liv. IV, t. 9.
([2]) L. 7, § 4, liv. IV, t. 9.
([3]) Inst. § 4, liv. IV, t. 8.

à la personne volée, et cela parce qu'il a paru inique qu'un esclave puisse, par son délit, faire subir à son maître une perte supérieure à sa valeur ([1]). Cet abandon noxal peut avoir lieu avant ou après la *litis contestatio* ([2]) et même après la condamnation ([3]).

Le principe d'après lequel le propriétaire peut éviter les poursuites en abandonnant *noxaliter* l'esclave auteur du vol reçoit exception : d'abord, lorsqu'il a frauduleusement soutenu qu'il n'en était pas le possesseur ([4]); ensuite, lorsque pouvant empêcher le délit, il ne l'a pas fait ([5]). La mauvaise foi du maître s'oppose à l'abandon noxal dans les deux cas suivants : le débiteur qui a donné en gage à son créancier un esclave dont il connaissait les instincts voleurs, sera obligé par l'action *pigneratitia contraria* à réparer tout le dommage causé par l'esclave engagé au préjudice du créancier gagiste ([6]); de même encore, le vendeur à réméré d'un esclave qui aura agi avec une mauvaise foi semblable à celle du débiteur dont nous venons de parler, sera nécessairement tenu de l'action *empti*, lorsque, avant la résolution de la vente, cet esclave aura commis un vol au préjudice de l'acheteur ([7]).

Nous venons de remarquer que, dans les contrats de

([1]) Instit., § 2, *eod. tit.*
([2]) L. 29, liv. IX, t. 4. — Instit. § 31, *de Action.*
([3]) L. 1, liv. IX, t. 4.
([4]) L. 2, § 1, liv. II, t. 9.
([5]) L. 2, pr. liv., IX, t. 4.
([6]) L. 61, §§ 1, 3, *de Furtis.*
([7]) L. 61, §§ 2, 4, *ibid.*

vente à réméré, la responsabilité résultant du dol du maître permettait d'intenter contre lui les actions relatives à ces contrats, et d'obtenir ainsi la réparation entière du préjudice, sans qu'il lui soit permis de se libérer en abandonnant l'esclave. Mais il est certains contrats dans lesquels cette condition de dol ne sera plus nécessaire; ainsi, dans le mandat et le dépôt, une responsabilité produisant les mêmes effets peut résulter de la simple faute du maître, sans qu'il soit nécessaire de rechercher s'il a agi de mauvaise foi, sachant que son esclave était atteint du vice de vol. Supposons, nous dit Africain, que vous ayez reçu de moi le mandat d'acheter tel esclave que je vous aurai désigné, ignorant quels sont ses vices, et qu'aussitôt après l'achat, cet esclave commette un vol à votre préjudice, vous pourrez, sans qu'il soit utile de prouver mon dol, me réclamer par l'action *mandati* la réparation de tout le dommage, et je ne pourrai me libérer envers vous par l'abandon noxal; vous alléguerez en effet, à bon droit, que vous n'auriez pas souffert une perte, si je ne vous avais pas donné ce mandat. Cela est encore plus évident dans le cas de dépôt d'un esclave, car s'il est juste que le maître ne souffre pas par la faute de son esclave une perte supérieure à sa valeur, *multo tamen æquius esse, nemini officium suum, quod ejus, cum quo contraxerit, non etiam sui commodi causâ susceperat, damnosum esse* ([1]). Africain ajoute qu'il faut appliquer au *commodat* une décision moins sévère,

---

([1]) L. 61, § 5, *de Furtis.*

à cause de la nature du contrat, qui a été consenti dans l'intérêt seul de la partie lésée par le vol de l'esclave; le commodataire ne pourra donc recourir contre le commodant que par l'action noxale, faudra-t-il encore que ce dernier soit coupable de dol (¹).

Lorsqu'un esclave, appartenant à plusieurs maîtres, commet un vol au préjudice d'un tiers, chacun d'eux ne peut se libérer de payer le montant de la *litis æstimatio* tout entière, qu'à la condition d'avoir abandonné sa part de propriété avant toutes poursuites, car, dès qu'elles sont commencées, l'action noxale devient indivisible (²); mais, alors, il peut recourir contre ses copropriétaires par l'action *communi dividundo* ou *familiæ erciscundæ* (³). La partie lésée qui aura obtenu de l'un des propriétaires l'abandon d'une part de l'esclave, ne pourra recourir de nouveau contre les autres par l'action noxale ; parce qu'en principe, elle ne peut exister entre plusieurs personnes ayant un droit de propriété indivis sur un esclave; il n'a donc plus que l'action *communi dividundo* ou *familiæ erciscundæ ;* d'après Ulpien, on avait hésité à le priver de cette action, parce que le délit existait avant la copropriété. Mais il ne s'élevait aucun doute, lorsque le vol avait été commis par l'esclave indivis au préjudice de l'un des copropriétaires pendant la durée de l'indivision, dans ce cas, on lui refusait l'action

(¹) L. 61, § 6, *ibid.*
(²) L. 27, § 2, liv IX, t. 2.
(³) L. 8, liv. IX, t. 4.

noxale contre les autres copropriétaires, parce que nul ne peut intenter cette action, qui pourrait en être lui-même tenu au nom du même esclave. L'action *communi dividundo* ou *familiæ erciscundæ* lui sera seule accordée, action quasi-noxale, d'après laquelle le juge peut condamner chaque copropriétaire à réparer le dommage ou à abandonner sa part de propriété sur l'esclave ([1]). Ulpien motive cette décision, en disant que l'action noxale est refusée, afin de ne pas laisser à l'esclave le moyen de changer de maître à son gré ([2]); mais, si tel était le vrai motif, il faudrait aller jusqu'à dire, ce qui ne serait plus exact, que l'action noxale doit être refusée en principe, toutes les fois que le maître est insolvable et se trouve ainsi dans la nécessité d'abandonner *noxaliter* son esclave lorsqu'il commet un délit.

Certains jurisconsultes décidaient que l'abandon noxal, supposant que le maître mancipe l'esclave ([3]), ne pouvait être consenti par le possesseur de bonne foi ([4]); Ulpien lui donnait une action noxale utile, d'après laquelle il pouvait se libérer en abandonnant à la partie lésée la possession de l'esclave ([5]); enfin, Justinien décide formellement dans sa constitution que l'action noxale est donnée contre le possesseur de bonne foi aussi bien que contre le propriétaire de l'esclave ([6]). Celui qui a été vic-

---

([1]) L. 41, liv. IX, t. 4.
([2]) L. 27, § 1, liv. IX. t. 2.
([3]) Gaïus. *Comment.*, IV, § 79.
([4]) L. 27, § 3, liv. IX. t. 2.
([5]) L. 11. 1. 13, liv. IX, t. 4.
([6]) L. 21, *de Furtis*. Code.

time d'un vol commis par un esclave qu'il possède de
bonne foi, ne peut recourir contre le propriétaire par
l'action noxale ; nous savons, en effet, qu'elle ne peut
naître au profit d'une personne qui pourrait en être tenue
au nom du même esclave. L'action noxale ne pourra
donc être exercée contre le propriétaire, lorsque son
esclave sera possédé par un tiers, et cette décision s'applique même lorsque l'esclave est en fuite, parce qu'a-
lors le maître ne l'a plus *in potestate,* bien qu'il en conserve la possession tant qu'un autre ne s'en est pas
emparé (¹).

Dans l'ancien Droit, on appliquait au fils de famille
comme à l'esclave, les principes que nous venons d'exposer (²). Mais Justinien nous apprend que les mœurs
nouvelles firent tomber en désuétude ce droit trop
rigoureux. Comment souffrir, en effet, dit-il, qu'un père
abandonne *noxaliter* son fils ou sa fille ? Le père ne
souffrirait-il pas plus que le fils lui-même, et quant aux
filles, un pareil abandon n'est-il pas incompatible avec la
décence ? On a donc décidé que la partie lésée n'aurait
aucun recours contre le père par l'action noxale ; mais
qu'elle pourrait recourir directement par l'action de vol
contre le fils de famille possédant un pécule, sans attendre qu'il soit *sui juris* (³).

(¹) Paul. sent., liv. II, t. 31, § 37.
(²) Gaïus. *Comment.,* I, § 140.
(³) Instit., liv. IV, t. 8. L. 33, 34, 35, liv. IX. t. 4. D.

§ 4. — *Contre qui elle ne peut être intentée.*

Dans certains cas exceptionnels, l'action *furti* ne peut être intentée contre le voleur, le complice ou le recéleur, soit à cause du caractère pénal de cette action, soit à cause des relations qui existent entre la partie lésée et l'auteur du délit. D'abord, l'action de vol s'éteignant par la mort du coupable, suivant le principe commun aux actions pénales, ne peut être intentée contre ses héritiers ou successeurs universels : *est certissima juris regula*, dit Gaïus, *ex maleficiis pœnales actiones in hæredem non compete-re* (¹). Ce principe souffre deux exceptions : 1° lorsque l'*actio furti* a été intentée et que la *litis contestatio* a eu lieu avant la mort du voleur, car elle produit une nova-tion qui enlève à l'obligation son caractère pénal (²); 2° lorsqu'une convention a eu lieu entre le voleur et la personne lésée, car il ne reste plus alors qu'une obliga-tion civile (³). Lorsque l'action *furti* se trouve éteinte par la mort du voleur, le préteur accorde une action contre l'héritier, pour obtenir la restitution du bénéfice qu'il a retiré du vol : *sicuti pœna ex delicto defuncti heres teneri non debeat, ita nec lucrum facere, si quid ex ed re ad eum pervenisset* (⁴).

(¹) *Comment.*, IV, § 112.
(²) L. 139, (L. 17), *de Reg. jur.*
(³) L. 33, liv. XLIV, t. 7.
(⁴) L. 38, liv. XVII.

Lorsque le vol a été commis par un esclave ou par un fils de famille, au préjudice du maître ou du père, ces derniers n'ont point l'action *furti* contre les délinquants; telle est l'application de la règle générale d'après laquelle une action ne peut prendre naissance entre deux personnes dont l'une est soumise à la puissance paternelle ou dominicale de l'autre ('). Il faudra donc refuser l'action de vol contre l'esclave qui a été affranchi, et contre le fils de famille qui est devenu *sui juris* depuis l'existence du délit; c'est, en effet, à ce dernier moment seul qu'il faut se placer pour savoir si l'action peut ou non prendre naissance, aucune circonstance nouvelle ne pouvant changer les caractères du vol (²). Mais si le fils possède un pécule *castrense* qui lui permette de réparer le préjudice qu'il a causé, Ulpien permet d'agir contre lui par une action utile de vol (³). Elle ne peut pas davantage être intentée contre le père qui enlève un objet compris dans le pécule *castrense* de son fils (⁴), contre le père ou la mère par le fils émancipé, contre le patron par l'affranchi, et réciproquement (⁵). Cette défense résulte du caractère infamant de l'action *furti*, qui ne peut se concilier avec le respect que doit le fils émancipé à son père, l'affranchi à son patron (⁶); l'action

(') L. 16, *de Furtis*.
(²) Instit., § 6 *de Nox. action.* — L. 17, § 1, *de Furtis.*
(³) L. 52, § 5, *ibid.*
(⁴) L. 52, § 6, *ibid.*
(⁵) L. 89, *ibid.*
(⁶) L. 52, § 6 *ibid.*

in factum qui n'entraîne pas l'infamie était seule autorisée dans ces divers cas.

Le mari ne peut intenter l'action *furti* contre sa femme et réciproquement, et cela *in honorem matrimonii*, à cause du caractère infamant de cette action ([1]). Certains jurisconsultes prétendaient même que la communauté d'intérêts que le mariage fait naître entre les époux, s'opposait à l'existence même du vol, ce qui est inexact, car nous trouvons réunis tous les éléments qui constituent le vol. On accordait à l'époux lésé l'action *rerum amotarum* ([2]), qui étant *rei persecutoria*, pouvait être intentée contre les héritiers de l'époux coupable du vol ([3]); mais il fallait la double condition que le vol eût été commis en vue du divorce et que le divorce ait été prononcé ([4]). L'action *rerum amotarum* ne pouvait donc être exercée qu'après la dissolution du mariage, soit par la mort de l'un des époux, soit par le divorce; cependant, si le vol avait été commis, par exemple, par la femme pendant une maladie grave de son mari, à laquelle elle croyait qu'il succomberait, il était permis à ce dernier, revenu à la santé, d'intenter contre elle une action *rerum amotarum* utile ([5]). Pendant la durée du mariage, l'époux victime du vol n'aura contre son conjoint qu'une revendication ou une *condictio sine causâ* ou *ex injustâ causâ*, et

([1]) L. 2, liv. XXV, t. 2.
([2]) L. 1, liv. XXV, t. 2.
([3]) L. 21, § 5 liv. XXV, t. 2.
([4]) L. 25, liv. XXV, t. 2.
([5]) L. 21, pr., liv. XXV, t. 2.

le montant de cette *condictio* sera fixée d'après la valeur de la chose au moment du *furtum* ou d'après sa valeur la plus élevée depuis le délit ([1]). Si la femme enlève à un commodataire un objet prêté par le mari, celui-ci pourra agir contre elle par l'action de vol s'il est poursuivi par le commodataire ([2]), mais il ne faut pas voir dans cette décision une exception à la règle générale que nous avons admise; car ce n'est pas en réalité le mari, mais le commodataire, qui intente l'action *furti* contre la femme.

Si nous supposons maintenant le vol de la chose prêtée commis, non plus par la femme du commodant, mais par celle du commodataire, donnerons-nous au commodant le choix entre l'action *furti* contre la femme et l'action *commodati* contre le mari, et s'il agit par cette dernière action, le mari pourra-t-il intenter contre sa femme l'action *furti* qui lui aura été cédée par le commodant? Justinien a fait cesser les controverses que cette question soulevait parmi les jurisconsultes, en décidant que, même dans ce cas, le mari n'a contre sa femme, pendant le mariage, que l'action *rerum amotarum*, et que le commodant ne peut à son gré recourir contre la femme du commodataire, qui doit être seul poursuivi, lorsqu'il est solvable. Justinien a voulu éviter ainsi les machinations frauduleuses qui pourraient se produire entre deux époux qui ne vivraient pas en bonne intelligence, d'après lesquelles le mari exposerait sa femme aux poursuites de

---

[1] L. 29, liv. XXV, t. 2.
[2] L. 28, liv. XXV, t. 2.

l'action *furti,* en la forçant à lui voler la chose prêtée (¹).

Il faut remarquer que si la sanction pénale de la loi ne reçoit point son application contre l'héritier du voleur, le *filius familias,* ou la femme mariée, cela tient à des motifs indépendants du *furtum* qui existe et dont tous les effets ne doivent pas être supprimés. Ainsi, bien que l'action *furti* ne puisse être intentée contre le voleur, elle pourra l'être contre les complices et recéleurs dans tous les cas que nous venons de parcourir (²). Enfin, tous ceux qui, par leurs relations avec la partie lésée, sont à l'abri des poursuites de l'action *furti,* peuvent être poursuivis au nom de leurs esclaves, lorsque ces derniers commettent un vol (³).

§ 5. — *Comment elle prend fin.*

L'action *furti* s'éteint par la mort du voleur (⁴), mais non par son changement d'état; ainsi, l'auteur du vol est-il *sui juris,* elle le suivra dans sa nouvelle condition; est-il *alieni juris,* esclave, elle sera donnée contre le nouveau maître (⁵). Si l'esclave est affranchi depuis le délit, l'action noxale disparaît pour faire place à l'action *furti,* dont il est désormais seul tenu. Enfin, si l'esclave est fait prisonnier par l'ennemi depuis le vol et avant les

(¹) L. 22, § 4, *de Furtis.* Code.
(²) L. 36, § 1, *de Furtis.* D.
(³) L. 52, § 3, *de Furtis.*
(⁴) L. 15, *de Furtis* Code.
(⁵) L. 41, § 2, *de Furtis.* D.

poursuites, la fiction du *postliminium* permettra d'intenter l'action noxale à son retour. Pomponius emploie, à
ce sujet, des expressions qui nous semblent manquer
d'exactitude lorsqu'il nous dit : *renasci eam actionem
debet;* en effet, cette fiction avait précisément pour but
de faire considérer l'action comme ayant duré pendant
tout le temps de la captivité de l'esclave ([1]).

Lorsque plusieurs choses ont été volées en même
temps, la partie lésée qui n'aura compris dans l'action
que l'une d'elles, ne pourra agir de nouveau pour les
autres, sous peine de voir repousser ses poursuites par
l'exception *litis dividuæ*. Mais il faut remarquer, avec
Pothier, que cela ne s'applique pas au cas où il est permis de recourir contre plusieurs personnes, et même au
cas où une seule est tenue d'une action au nom de plusieurs ; ainsi, lorsque le vol a été commis à la fois par le
maître et par l'esclave, il est permis d'exercer successivement contre le maître l'action *furti* et l'action noxale ([2]).
De même encore, deux esclaves appartenant au même
maître vous ont volé, l'un un vêtement, l'autre de
l'argent ; vous pouvez intenter contre le maître deux
actions successives, sans qu'il puisse repousser la
seconde par une exception ([3]).

Il peut arriver que l'action *furti* s'éteigne par suite de
l'exercice d'une action civile, lorsque la partie lésée peut
choisir entre ces deux actions. Ainsi, l'esclave de Titius

([1]) L. 41. § 3, *de Furtis.*
([2]) L. 53, § 1, *ibid.*
([3]) L. 56, § 5, *ibid.*

vole à son maître une somme d'argent et donne mandat
à Séïus d'acheter un fonds de terre qui, en acceptant,
sait bien qu'il agit contre la volonté de Titius. Celui-ci
peut agir contre le mandataire par l'action *furti*, ou
réclamer, par l'action *mandati*, l'exécution du mandat;
s'il prend ce dernier parti, il ratifie par là même le mandat; il n'y a donc plus de vol de la part du mandataire,
et l'action *furti* disparaît (¹). Mais, lorsque le mandat a
été régulièrement donné, nous avons déjà vu que le
mandant peut intenter successivement contre le mandataire l'action *furti* et l'action *mandati*; car l'exercice
de cette dernière action ne pouvant être considéré
comme la ratification d'un mandat qui est déjà par-
fait, ne fait pas disparaître le vol, et par suite, l'action
furti, comme dans l'espèce que nous venons de supposer.

L'action *furti* s'éteint encore, s'il intervient une transaction entre le voleur et la partie lésée, et c'est là une
dérogation qui fut introduite par le Droit civil au principe d'après lequel un simple pacte ne peut éteindre
que l'obligation formée *solo consensu* (²). Non-seulement,
le propriétaire, mais encore le tuteur et le curateur peuvent transiger au nom de la personne qu'ils représentent (³). Enfin, l'esclave ou le fils de famille qui a reçu
la libre administration d'un pécule peut encore transiger,
bien qu'il prive ainsi le maître du bénéfice de l'action

(¹) L. 1, *de Furtis*. Code.
(²) L. 17, § 1, liv. II, t. 14. D.
(³) L. 56, § 4, *de Furtis*.

furti, pourvu qu'il n'agisse pas dans le but de cacher une donation ([1]).

Le serment déféré au voleur par la personne qui prétend avoir été victime d'un vol est une cause d'extinction de l'action *furti*, et si, plus tard, il est prouvé que l'objet se trouve entre les mains de celui qui a faussement juré qu'il ne l'avait pas volé, le propriétaire n'obtiendra que la restitution ([2]).

La perte de la chose volée laisse subsister l'action *furti*; ainsi la mort ou l'affranchissement de l'esclave volé n'empêchera pas le maître de recourir par cette action contre le voleur ([3]); elle est, en effet, purement pénale et la perte de l'objet du vol ne s'oppose pas à ce que le coupable subisse la peine de son délit.

Celui qui, après avoir enlevé un objet dans l'intention de se l'approprier, change d'avis et le remet à son propriétaire, n'est point libéré des poursuites de l'action du vol; car, suivant Ulpien, le repentir n'est pas un moyen suffisant pour effacer la culpabilité qui résulte d'un semblable délit ([4]). A plus forte raison, la remise d'une partie de la chose volée, faite suivant le consentement du propriétaire, ne sera point considérée comme une transaction et n'empêchera pas d'agir pour le reste par l'action *furti* ([5]). Enfin, il n'est pas douteux que l'action pénale de vol et la *condictio furtiva*, dont les caractères sont bien différents, peuvent exister l'une sans l'autre; ainsi, la remise de la chose qui éteint la *condictio furtiva*, laisse subsister l'action *furti* (¹).

SECTION II

De la condictio furtiva.

Les jurisconsultes romains introduisirent *odio furum*, afin de donner à la partie lésée par le vol des voies de recours plus nombreuses contre le voleur, la *condictio furtiva*, qui est spéciale au vol comme l'action *furti* (²). Ces deux actions tendent chacune vers un but bien différent : par la première, on réclame l'application d'une peine ; par la seconde, la réparation du dommage causé ; ainsi, l'une est simplement pénale, tandis que l'autre doit être rangée parmi les actions *rei persecutoriæ*. Ce caractère spécial de la *condictio furtiva* la fait placer à côté de l'action *furti*, sans que l'exercice de celle-ci entraîne l'extinction de celle-là. Ces deux actions se séparent par des différences importantes au point de vue pratique ; nous les signalerons dans la suite de cette étude.

D'après les principes généraux du Droit, tout propriétaire peut, par la revendication et l'action *ad exhibendum*, rétablir l'intégrité de son patrimoine en obtenant ainsi la restitution de la chose possédée sans droit par un tiers ; or, nous avons déjà établi que c'était là précisément le

(¹) L. 54, § 3, *de Furtis*. D.
(²) Gaïus. *Comment.*, IV, § 4.

but de la *condictio furtiva;* elle semblerait donc faire double emploi avec les actions que nous venons de désigner? Sans doute, le propriétaire peut choisir l'une ou l'autre et obtenir le même résultat par la revendication, cependant, la création de la *condictio furtiva* n'a pas été inutile, car elle offre plusieurs avantages sur la revendication : 1° la perte de la chose même par cas fortuit n'empêche pas l'exercice de la *condictio furtiva,* ce qui n'a pas lieu pour la *rei vindicatio;* en effet, le voleur est considéré comme étant en demeure de restituer la chose volée dès que la *contrectatio* a eu lieu ([1]), et cette demeure ne peut être purgée que par l'offre de restituer ou encore par la novation de l'obligation qui peut avoir lieu après la perte de l'objet ([2]); mais il faut remarquer qu'elle ne cesse pas par cela seul que le voleur est prêt à répondre à la *condictio furtiva;* 2° le possesseur de la chose volée peut se libérer, lorsqu'il est poursuivi par la revendication, en la restituant dans l'état où elle se trouve au moment des poursuites, fût-elle détériorée par cas fortuit; tandis que s'il est poursuivi par la *condictio furtiva,* il doit non-seulement la valeur même, mais encore le montant du *id quod interest agentis.* Ainsi, on estimera la chose d'après la valeur la plus élevée qu'elle aura atteint depuis le vol, quand même elle aurait été détériorée par cas fortuit avant les poursuites, parce que le voleur est toujours en demeure ([3]). Cette plus-value

([1]) L. 20, *de Condict. furtiv.* (XIII-1).
([2]) L. 8, pr., *ibid.*
([3]) L. 8, § 1, *ibid.*

sera toujours comptée au profit du propriétaire, quand
même elle résulterait des dépenses faites par le voleur ;
si nous supposons donc avec Paul qu'il ait fait à ses dépens des coupes avec le lingot d'argent qu'il a volé, il
faudra prendre le prix des coupes ([1]). Ulpien nous dit :
*condictio autem ex causâ furtivâ, non egreditur retrorsum,
judicii accipiendi tempus*, d'où il semble résulter que, suivant ce jurisconsulte, la chose doit être estimée au moment où la *condictio furtiva* est intentée. Sans doute, ces
expressions interprétées séparément renfermeraient une
contradiction avec la décision de Paul ; mais en lisant le
texte en entier et en recherchant son esprit, il est facile
de reconnaître qu'Ulpien n'entend point déroger à la
règle que nous avons admise, mais simplement noter
une différence qui sépare la *condictio furtiva* de l'action
de la loi Aquilia, en nous faisant remarquer que celle-ci
permet d'estimer la chose avant le délit, *quanti eo anno
plurimi fuit*; tandis que, pour celle-là, on ne peut estimer
la chose volée avant que les poursuites ne soient ren-
dues possibles par la *contrectatio* ([2]).

La *condictio furtiva* n'appartient qu'au propriétaire de
la chose volée ([3]), et c'est là une dérogation au principe
d'après lequel celui qui est propriétaire d'une chose ne
peut intenter contre le défendeur une action personnelle ;
en effet, la formule de cette action est ainsi conçue : *si
paret eum dare oportere*; or, on ne peut donner au deman-

([1]) L. 13, *de Condict. furtio.*
([2]) L. 2, § 3 *de Priv. delict.*
([3]) L. 1, *de Condict. furt.*

deur une chose qui lui appartient déjà, car *dare,* donner, signifie transférer la propriété ([1]). Nous connaissons déjà la cause de cette exception, nous savons encore qu'un de ses avantages les plus importants est de poursuivre le voleur même après la perte de la chose volée par cas fortuit, qui laisse le débiteur en demeure de la restituer ; tandis qu'elle rend la revendication impossible : *extinctæ res licet vindicare non possint, condici tamen furibus possunt* ([2]). Il faut, en règle générale, pour exercer la *condictio furtiva,* avoir été propriétaire au moment du vol, et l'être encore lors des poursuites ; cependant, lorsque la chose a péri entre les mains du voleur, ou bien lorsque depuis le délit la propriété a été perdue par un fait indépendant de la volonté du demandeur, il suffit qu'il ait été propriétaire au moment du vol. Si nous supposons donc qu'une chose indivise entre deux personnes a été volée, celle qui a provoqué l'action *communi dividundo* ne peut plus intenter la *condictio furtiva,* qui continue d'exister au profit de l'autre ([3]). Il faut décider, suivant le même principe, que celui qui dispose de la chose volée qui continue à lui appartenir au profit d'un tiers, soit par une vente, soit par un legs, ne peut transmettre la *condictio furtiva* à l'acquéreur ou au légataire, parce qu'ils n'avaient pas encore la propriété au moment du délit.

S'il s'agit d'un legs pur et simple, la *condictio* sera éteinte pour la même raison ; mais si la chose a été léguée

([1]) Instit., liv. IV, t. 6, § 14.
([2]) Gaïus. *Comment.*, II, § 79, *in fine.*
([3]) L. 12, § 1, *de Condict. furt.*

sans condition, l'héritier qui *pendente conditione* en conserve la propriété, pourra, pendant ce temps, l'intenter contre le voleur, car il succède à tous les droits et actions du défunt. Enfin, si un esclave libre sous condition a été légué, et si la condition se réalise après la *litis contestatio*, mais avant le jugement, l'héritier ne pourra continuer ses poursuites par la *condictio*, car, d'un côté, le demandeur n'a aucun intérêt à recouvrer l'esclave, et de l'autre, le voleur a cessé de le posséder sans fraude ([1]).

Le tuteur et le curateur peuvent intenter la *condictio furtiva* au nom des personnes qu'ils représentent ([2]). Celui qui est propriétaire d'une chose sous condition peut, dans le cas de vol, en obtenir la valeur vénale par le *condictio furtiva* ([3]).

Il ne faut pas prendre dans un sens absolu la décision de la loi 1, *de Cond. furt.*, qui semble refuser la *condictio* à toute personne autre que le propriétaire; on accordait en effet une *condictio incerti* au créancier gagiste et au commodataire ([4]), et si Ulpien décide formellement qu'à la différence de l'action *furti*, la *condictio furtiva* est refusée au commodataire, au dépositaire et au créancier gagiste, il veut uniquement parler de la *condictio certi* ([5]).

La *condictio furtiva*, qui n'est pas une action pénale, peut, comme les actions *rei persecutoriæ* en général, être intentée contre les héritiers du voleur ou ses

([1]) L. 14, pr. *de Condict. furt.*
([2]) L. 36, § 4, *in fine. de Furtis.*
([3]) L. 14, pr. *de Cond. furt.*
([4]) L. 12, § 2, *ibid.* — L. 22, § 3 *de Furtis*, Code.
([5]) L. 14, § 16, *de Furtis.* D.

successeurs universels; ils devront restituer la valeur
tout entière, chacun *pro parte hereditariâ*, quand même
la chose aurait péri (¹); il est ainsi dérogé au principe
d'après lequel l'héritier ne peut souffrir du délit du *de
cujus*, que dans la limite du profit qu'il en a retiré. La
condictio furtiva est donnée contre tout voleur, soit qu'il
ait commis un *furtum ipsius rei*, soit un *furtum usûs* ou
possessionis. Ainsi, le propriétaire de la chose déposée
peut, par cette action, agir contre le dépositaire qui en
aura usé contre sa volonté, et elle offre l'avantage de
permettre un recours contre le voleur, lorsque la chose
a péri par cas fortuit, tandis que l'action *depositi* ne peut
être intentée que lorsque la perte de la chose résulte du
dol du dépositaire (²).

Paul nous dit que le voleur ou ses héritiers sont seuls
tenus de la *condictio furtiva* (³), et Ulpien ajoute que celui
qui a favorisé le vol *ope consiliove*, peut bien être poursuivi par l'action *furti*, mais non par la *condictio furtiva*(⁴);
d'où il ne semble pas douteux que le complice n'est pas
atteint par la *condictio*. Cependant, il est permis d'hésiter
en présence d'un texte d'après lequel Paul semble formellement contredire le principe qu'il pose dans la loi 5
de *Cond. furt.*; il est en effet ainsi conçu : *aliud factum
est ejus, qui ope, aliud ejus qui consilio furtum facit; sic
enim alii condici potest, alii non potest* (⁵). Ainsi, faisant

(¹) L. 7, § 2, *de Cond. furt.*
(²) L. 16, *ibid.*
(³) L. 5, *ibid.*
(⁴) L. 6, *ibid.*
(⁵) L. 53, § 2, liv. L, t. 16.

une distinction entre le complice qui favorise le vol par une assistance matérielle, et celui qui le favorise *consilio tantum*, il permet d'agir contre le premier par la *condictio furtiva.* Certains commentateurs ont voulu, avec Pothier, concilier la loi 6, *de Cond. furt.* avec la loi 53, § 2, *de Verb. signif.*, en disant que cette distinction devait être sous-entendue dans la loi 6, et qu'elle s'appliquait au cas de complicité *consilio tantum;* mais Ulpien se sert de termes généraux qui ne permettent pas cette restriction, et, de plus, il ajoute qu'il faut avoir enlevé la chose pour être tenu de la *condictio* (¹). Nous croyons, cependant, pouvoir concilier ces deux lois, en disant que la loi 6 parle du complice en général qui, par une assistance matérielle ou par des renseignements utiles, facilite le vol, tandis que la loi 53, § 2, prévoyant certains cas exceptionnels, dit que la complicité permet quelquefois d'intenter la *condictio furtiva; condici potest;* par exemple, lorsqu'elle consiste dans la possession ou le recel de l'objet volé.

Lorsque le vol a été commis par plusieurs personnes, la partie lésée peut recourir *in solidum* par la *condictio furtiva* contre l'un ou l'autre des voleurs ; mais il ne peut l'exercer qu'une fois, et le payement fait par l'un d'eux libère tous les autres (²). Dans le cas de vol commis par un esclave ou un fils de famille, il est permis d'agir par la *condictio* contre le maître ou contre le père, mais seulement dans la limite du profit qu'il a retiré du dé-

---

(¹) L. 21, § 10, *de Furtis.*
(²) L. 1, *de Cond. furt.* Code.

lit(¹). Si le fils a un pécule, elle pourra être intentée contre lui (²); quant au père, il ne pourra être tenu que dans la limite de son bénéfice par l'action *de peculio* (³). Le maître poursuivi par la *condictio* pour le vol de son esclave, ne peut recourir à l'abandon noxal, car elle devrait disparaître si l'esclave, devenant libre, ne pouvait être abandonné, ce qui ne peut se concilier avec le principe : *noxa caput sequitur.* Cependant Ulpien dit, dans la loi 4 de notre titre : *in residuum, noxæ servum dominus dedere potest;* il faut croire avec Pothier que cette décision se rapporte à l'action *furti.*

La *condictio furtiva* s'éteint dès que le propriétaire a obtenu réparation du dommage causé par le vol ou lorsqu'il est rentré en possession de la chose volée; il ne pourra donc l'intenter contre le voleur manifeste auquel il aura enlevé par force l'objet qu'il avait saisi (⁴). Il faut enfin décider que la transaction intervenue entre le voleur et la partie lésée au sujet de l'action *furti*, laisse subsister la *condictio furtiva*, car, d'une part, sa nature lui donne une existence indépendante, et de l'autre, la convention porte sur la peine et non sur la réparation du dommage (⁵).

(¹) L. 4, *de Cond. furt.* D.
(²) L. 5, *de Cond. furt.*
(³) L. 3, § 12, liv. XV, t. 1.
(⁴) L. 10 pr., *de Cond. furt.*
(⁵) L. 7, pr., *ibid.*

CHAPITRE IV

Des effets du vol au point de vue de l'usucapion.

Les choses volées, nous dit Justinien, ne peuvent être usucapées, même par ceux qui les possèdent de bonne foi, quelle que soit la durée de leur possession ([1]). Cette défense ainsi formulée par la loi des Douze Tables : *furtivæ rei æterna auctoritas esto*, fut plus tard reproduite dans des termes à peu près identiques par la loi Atinia : *quod subreptum erit, ipsius rei æterna auctoritas esto* ([2]). Ainsi, le droit du propriétaire dépouillé, prenant dès l'instant du vol un caractère absolu et irrévocable, celui-ci peut le faire triompher, quelle que soit la qualité de la personne possesseur de la chose, quel que soit le temps qui sépare la dépossession des poursuites. Du reste, les lois, en défendant d'acquérir une chose volée par usucapion' n'ont pas entendu parler du voleur; car pour lui l'usucapion est impossible à cause de sa mauvaise foi, et non à cause du vice de la chose; elles ont eu pour but d'atteindre le possesseur qui, l'ayant reçue de bonne foi et avec juste titre, pourrait sans cela invoquer le bénéfice des dispositions générales qui régissent la matière ([3]).

Nous avons admis et nous sommes autorisés à le faire, par l'identité des termes employés dans les textes, que

([1]) Inst., liv. II, c. 6, § 2.
([2]) Aulu-Gelle, Nuits att., XVII, 7.
([3]) Gaïus, *Comment.*, II, §§ 49, 50.

la loi Atinia consacrait un principe déjà formulé dans la loi des Douze Tables. On a prétendu, cependant, que ces deux lois ne doivent pas être confondues au point de vue qui nous occupe : que celle-ci n'avait d'autre but que de défendre au voleur lui-même d'usucaper l'objet volé, tandis que celle-là allait jusqu'à rendre l'usucapion impossible, même de la part du possesseur de bonne foi. Cette interprétation nous paraît peu fondée, et cela parce qu'elle impose à la loi des Douze Tables une décision qui n'aurait eu aucune utilité et aucun intérêt, en présence des principes généraux qui ne permettent l'usucapion qu'au possesseur de bonne foi et avec juste titre : or, il est presque inutile d'ajouter que le voleur ne satisfait à aucune de ces deux conditions.

Les produits de la chose volée sont-ils affectés du même caractère de furtivité que la chose elle-même, et l'usucapion en est-elle défendue ? L'affirmative n'est pas douteuse, lorsqu'ils ont été perçus par le voleur ou par un possesseur de mauvaise foi ; quant au possesseur de bonne foi, il n'est pas tenu à les restituer, parce qu'il les acquiert par le fait même de la perception (¹). Dans le droit de Justinien, il gagne les produits de la chose volée qu'il a consommé ; dans le cas contraire, il ne les acquiert pas *hic et nunc* par le seul fait de la perception, mais il peut les usucaper (²).

Le croît des animaux étant placé au nombre des fruits, est acquis au possesseur de bonne foi chez lequel il est

---

(¹) Le 4, § 19, *de Usurpationibus*, XLI, 3, D.
(²) Inst., liv. II, †. 1, § 35.

né, sans distinguer s'il était ou non conçu au moment
où la possession de ce dernier a pris naissance (¹). Le
part d'une esclave volée n'étant pas considéré comme
un fruit, il semble que le possesseur de bonne foi ne peut
l'acquérir par ce moyen; il peut cependant l'usucaper,
mais à la condition que la conception et l'accouchement
de l'esclave possédée aient eu lieu chez lui (²). Toutefois,
cette décision ne serait pas applicable, malgré la doctrine
contraire de Scævola qui, du reste, au dire d'Ulpien,
comptait peu de partisans (³), si l'enfant de l'esclave était
conçu et né chez l'héritier du voleur, et cela, parce que con-
tinuant la personne du défunt, il devait être privé comme
lui du droit d'invoquer le bénéfice de l'usucapion (⁴).
La différence que nous venons d'établir entre le croît
des animaux et le part d'une esclave volée, est repoussée
par Ulpien dans un texte dont l'interprétation offre certaines difficultés, par suite des idées contradictoires en
apparence qu'il renferme. « Soit que l'esclave volée,
nous dit-il, fût déjà enceinte au moment du vol, soit
qu'elle ait conçu chez le voleur, le part est chose furtive,
que l'accouchement ait eu lieu chez lui ou chez un
possesseur de bonne foi. Mais si l'esclave a conçu et est
accouchée chez un possesseur de bonne foi, le part
n'étant plus affecté du vice de furtivité, peut être usucapé. Il faut suivre la même règle pour les animaux et

(¹) L. 48, § 2, *de Adquir. rer. domin.*, XLI, 1, D.
(²) L. 33, pr. XLI, 3 D.
(³) L. 10, § 2, XLI, 3, D.
(⁴) L. 4, § 15, XLI, 3, D.

leurs produits. On décide, avec raison, que les poulains nés de juments volées, appartiennent au possesseur de bonne foi, parce qu'ils sont placés au nombre des fruits, tandis que le part des esclaves ne peut être considéré comme tel (¹) ». Ainsi, le même texte, après avoir décidé que les deux espèces différentes qu'il prévoit sont soumises à la même règle, *idem et in peculibus*, doivent être assimilées, indique tout aussitôt une différence qui les sépare. Quelle est cette ressemblance; quelle est cette différence? L'interprétation qui nous paraît la plus satisfaisante, tout en faisant disparaître l'apparente contradiction du texte, est celle-ci : Ulpien veut dire d'abord que le croît des animaux comme le part des esclaves, ne peut être usucapé qu'autant qu'il a été conçu et qu'il est né chez le possesseur de bonne foi; tel est le caractère qui leur est commun. Mais, toute assimilation devient impossible, si on recherche la manière dont le possesseur de bonne foi les acquiert. Le croît des animaux étant placé au nombre des fruits qui sont acquis dès qu'ils sont séparés de la chose qui les a produits, appartiendra au possesseur du jour de la naissance. Tandis que le part d'une esclave n'étant pas considéré comme un fruit, ne deviendra la propriété du possesseur que du jour où l'usucapion se sera accomplie à son profit. D'où cette conséquence, qu'il pourrait agir par l'action en revendication dans la première hypothèse; tandis que dans la seconde, il n'aurait que l'action Publicienne, tant

(¹) L. 48, §§ 5., 6. *de Furtis*, D.

que l'usucapion n'aura pas donné naissance à un droit de propriété absolu et irrévocable ([1]).

Ulpien est d'un avis contraire à celui de Paul, au sujet de l'acquisition du croît des animaux volés et possédés de bonne foi ; nous avons vu, en effet, que ce dernier n'exige aucune des conditions mentionnées dans le paragraphe 5 de la loi 48, *de Furtis*. Quelques auteurs, parmi lesquels Doneau ([2]), ont cru pouvoir concilier les deux textes, en rendant négative la décision de la loi 48, *de Furtis*, qui, suivant eux, devrait être ainsi exprimée : *Non idem in peculibus servandum est...* Mais il est difficile de croire à une interpolation, en présence des versions identiques données par la Florentine, la Vulgate et les Basiliques. Il faut donc laisser subsister cette divergence d'opinions entre ces deux jurisconsultes, née probablement des controverses qui existaient sur ce point, et admettre la doctrine de Paul comme la plus fondée et la plus généralement suivie.

Suivant Paul, la spécification n'enlève pas à la chose volée son caractère furtif ; ainsi, celui qui a confectionné un objet nouveau avec la matière d'autrui, dont il s'est emparé, ne peut invoquer le bénéfice de l'usucapion ([3]). Les Proculiens enseignaient que le spécificateur acquérait la chose transformée ; les Sabiniens admettaient que la propriété de l'objet était conservée au propriétaire de la matière transformée. Justinien, voulant tarir cette source

[1] Conf. Pellat. *Propriété et usufruit*, p. 544 (2e édit.).
[2] *Commentar de jure civ.*, liv. V, chap. 26,
[3] L. 4, § 20, XLI, 3.

de controverses, a adopté l'opinion de ceux qui, s'éloignant de l'une et l'autre école, décidaient la question par une distinction : si l'objet peut être ramené à sa forme primitive, il appartient encore après la spécification au propriétaire de la matière ; dans le cas contraire, au spécificateur ([1]). Il faut observer que le principe posé par Paul ne peut recevoir son application que dans le premier des deux cas que nous venons d'indiquer, puisque, dans le second, la propriété de l'objet nouveau étant acquise par le seul fait de la spécification, il n'y a aucun intérêt à agiter la question de savoir s'il peut ou ne peut pas être usucapé par le spécificateur, qui peut, malgré cela, être poursuivi par l'action *furti* et par la *condictio furtiva*, qui ne peuvent disparaître par la perte de la chose volée.

Le vice qui empêche l'usucapion de la chose volée disparaît lorsqu'elle est rentrée en la possession du propriétaire : *si in potestatem ejus, cui subrepta est revertatur.* C'est là une condition indispensable, et il serait inexact de dire d'une façon générale qu'il suffit qu'elle soit remise entre les mains de la personne à laquelle elle a été enlevée ; car Paul ajoute : *sic acceptum est, ut in domini potestatem debeat reverti; non in ejus utique, cui subreptum est* ([2]). Ainsi, lorsqu'une chose donnée en gage est volée au créancier gagiste, il ne suffit pas qu'elle revienne en sa possession pour que le caractère furtif qui lui a été imprimé par le vol disparaisse, il faut qu'elle fasse retour

([1]) Int., liv., II, t. 1, § 25.
([2]) L. 4, § 6, XLI, 3.

aux mains du débiteur à qui elle appartient. Par application de ce principe, lorsque le vol porte non sur la chose
elle-même, mais sur le droit de possession ; lorsque, par
exemple, le débiteur soustrait au créancier gagiste l'objet
donné en gage, la chose est furtive, mais, le vice dispa-
raissant dès qu'elle est revenue au pouvoir du propriétaire,
l'usucapion peut avoir lieu. Il ne serait donc pas vrai de
dire que si l'usucapion est permise dans ce cas, c'est
parce que la chose acquise à l'aide d'un *furtum possessionis*
n'est pas furtive. Il faut admettre qu'en principe la défense
d'usucaper une chose volée s'applique au *furtum usûs
possessionisve,* aussi bien qu'au *furtum ipsius rei,* tant
que le vice du vol subsiste (¹). Toutefois, la règle générale
d'après laquelle la chose volée ne peut être usucapée que
lorsqu'elle a été recouvrée par le propriétaire, souffre
exception lorsqu'il est *impubes* ou *furiosus;* dans ce cas,
il suffit qu'elle revienne au pouvoir du tuteur ou du
curateur, *quia tutor (vel curator) domini loco habetur* (²).
Pour que le vice résultant du vol disparaisse, il faut,
indépendamment du recouvrement opéré par le propriétaire : d'une part, qu'il ait conscience de son droit de
propriété, de l'autre, qu'il ait connu le vol dont il a été
victime (³). Cependant, cette double condition n'est plus
exigée, lorsque la chose est rentrée en la possession de
son légitime détenteur, avant que le propriétaire ait eu
connaissance du vol. Ainsi, supposant qu'un dépositaire,

(¹) L. 6, *de Usucap. pro. empt.* Code — L. 49, XLI, 3
(²) L. 56, § 4, *de Furtis,* D.
(³) L. 4, § 12, XLI, 3.

après avoir vendu l'objet qui lui a été confié, le rachète dans le but de faire disparaître l'acte frauduleux dont il se repent, Paul décide que l'usucapion sera possible, s'il recouvre cet objet avant que le propriétaire ait eu connaissance du vol (¹). Mais, dans le cas contraire, il faut, suivant la règle générale, qu'il ait appris le recouvrement opéré par le dépositaire (²). On peut encore trouver d'autres circonstances qui font disparaître le caractère furtif imprimé par le vol : telle serait la donation ou la vente de l'objet volé, librement consentie par le propriétaire au profit du voleur ; ou encore le payement du prix d'estimation obtenu à défaut de la restitution par l'exercice de la *condictio furtiva* (³).

Nous avons vu que le propriétaire conservait pendant un temps illimité le droit de revendiquer la chose volée, même contre le possesseur de bonne foi. Théodose, restreignant l'étendue de ce privilége, fixa à trente ans la durée de la revendication, et permit au possesseur de bonne foi de repousser, après ce laps de temps, la demande du propriétaire par une exception. Justinien substitua à cette exception une action utile en revendication (⁴).

(¹) L. 4, § 10, XLI, 3.
(²) L. 4, § 7, XLI, 3.
(³) L. 4, §§ 13, 14, XLI, 3.
(⁴) L. 8, liv. VII, t. 39. Code.

DROIT FRANÇAIS

NOTIONS HISTORIQUES

Nous ne trouvons point de rédaction écrite du Droit criminel qui, aux premiers siècles de notre monarchie, régissait les Francs ; nous savons seulement que, suivant les coutumes de cette époque primitive de notre histoire, le vol n'était puni que d'une peine pécuniaire conformément au principe de la loi romaine. Le premier monument législatif qui soit arrivé jusqu'à nous est la loi salique, dont l'origine remonte, d'après les conjectures les plus probables, à l'établissement de Clovis dans la Gaule (¹). Cette loi qui, au temps de Charlemagne, fut modifiée dans le but principal d'en augmenter la clarté, d'où le nom de *Lex salica emendata*, consacre cent cinquante articles sur les trois cent quarante-cinq qu'elle renferme à la répression de vols de diverses sortes. Elle soumet, en principe, le vol aux systèmes des compositions pécuniaires ; cependant, suivant des additions apportées par les rois Childebert et Clotaire, on devait substituer la peine de mort à la peine pécuniaire, lorsque l'insolvabilité du voleur aurait rendu illusoire la

(¹) Pardessus, *Dissert. sur les Rédact. de la loi salique*, p. 417.

sanction principale de la loi. Si nous arrivons maintenant aux capitulaires de Charlemagne, aux œuvres législatives de ce siècle glorieux, qui tendaient à mettre la
législation barbare de la vieille Europe en harmonie
avec les progrès de la civilisation de cette époque, nous
trouvons dans les premiers capitulaires, ceux de 779,
des peines sévères prononcées contre les voleurs. On y
trouve, en effet, la décision suivante : « Quant aux voleurs, pour une première faute, ils ne seront pas punis
de mort, mais on leur crèvera un œil ; à la seconde, on
leur coupera le nez, et, si on les trouve une troisième
fois en faute sans qu'ils soient corrigés, qu'ils meu-
rent ([1]). » Dans les capitulaires de 813, nous trouvons
une peine pécuniaire, une sorte d'amende, que le voleur
devait payer à la victime, en réparation du préjudice
qu'il avait voulu lui causer : « Quoi qu'on ait volé dans
une maison, le wergeld sera de 7 sous ; pour un
esclave, ce sera 7 sous ; pour une épée, 7 sous ([2]). »

Au temps du régime féodal, à l'époque où la monarchie des Carlovingiens était divisée en plusieurs seigneu-
ries, dont chacune formait un petit État indépendant,
le seigneur possédait un droit de haute justice sur ses
terres, il pouvait condamner à mort ses vilains, sans
appel, suivant ce vieil adage de nos coutumes : « Entre
toi, seigneur, et ton vilain, il n'y a de juge fors Dieu. »
Ainsi, d'après la coutume de Beauvoisis, tout voleur pris
sur les terres d'un seigneur pouvait être jugé par lui et

([1]) Cap. 22, ann. 779.
([2]) Cap. 3, ann. 813. (Art. 23, 24, 27, 28, 29.)

pendu ou mutilé, s'il ne justifiait d'aucun domicile. Cette justice expéditive avait pour but d'empêcher des violations de propriété trop fréquentes sans cela (¹). Les établissements de saint Louis punissaient le vol de peines différentes, suivant qu'il offrait un caractère de gravité plus ou moins important. Le brigandage ou vol commis sur les chemins publics ou dans les bois était considéré comme le plus grave; aussi le coupable était traîné sur une claie et pendu, de plus, ses biens étaient brûlés ou détruits (²). Le vol domestique (³), le vol du cheval du seigneur, même par un étranger, était puni de mort (⁴). Quant à ceux qui volaient des choses de peu d'importance, la première fois, on leur coupait l'oreille; la seconde, le pied; et, à la troisième récidive, ils étaient pendus (⁵).

La révolution qui, au quinzième et au seizième siècles, fit disparaître le régime féodal pour donner naissance à la royauté absolue, entraîna des changements, non-seulement dans la procédure criminelle, mais encore dans la pénalité des crimes et délits. Ainsi, on distinguait à cette époque trois espèces de vols : le furt, le vespertillon et le larrecin; le premier avait lieu lorsque la chose était enlevée furtivement, *clam et obscure;* le second, lorsqu'il s'agissait d'un brigandage nocturne; le troisième, comprenait tous les autres vols. Les deux premiers

---

(¹) Beaumanoir. Chap. XXXI, art. 14, t. I, p. 463.
(²) *Établiss. de saint Louis.*, liv. I, chap. XXIX.
(³) *Id., ibid.*, chap. XXX.
(⁴) *Id., ibid.*, chap. XXIX.
(⁵) *Id., ibid.*, chap. XXIX.

étaient punis de mort; pour le second, il fallait distinguer, suivant une distinction provenant du Droit romain, entre le larrecin manifeste ou appert et le larrecin non manifeste et non appert; dans le premier cas, et s'il s'agissait d'une somme supérieure ou égale à cinq sols, on appliquait la peine capitale, au-dessous de cinq sols, il devait perdre l'oreille, et s'il y avait récidive, le crime devenait capital. Dans le second cas, lorsque le voleur n'avait pas été pris en flagrant délit, il était condamné à payer le quadruple au seigneur, et s'il ne le pouvait, il devait être battu ou fouetté en public. Enfin, le voleur par *pourreté, furans propter necessitatem*, n'était puni que d'une peine légère ([1]).

D'après une ordonnance rendue sous François Ier en 1539, les vols sur les grands chemins et ceux qui étaient commis avec effraction étaient punis de la peine capitale. Nous trouvons encore parmi les lois anciennes des dispositions relatives à certains vols qualifiés, mais pas une relative aux vols simples; il est probable que, suivant les principes du Droit romain, on leur appliquait des peines pécuniaires; il faut cependant accepter quelques coutumes, notamment celles de Bretagne ([2]), de Bourgogne ([3]) et du Nivernais ([4]). D'après ces diverses coutumes, l'application de la peine était laissée à l'arbitrage du juge, qui pouvait même suspendre à son gré la sanction pénale, suivant les circonstances qui avaient accompagné le

([1]) V. Conf. Du Boys, *Hist. du Dr Crim.*, t. V, p. 238.
([2]) Cout. de Bretagne, art. 628.
([3]) *Des justices de la Cout. de Bourgogne.*, tit. I, art. 5.
([4]) Cout. de Nivernais, Chap. I, art. 8.

délit. De là, des inconvénients sérieux dans la pratique résultant le plus souvent de l'excessive indulgence du juge ; ce qui donna lieu à la déclaration du 24 mars 1724, ainsi motivée : « L'expérience ayant fait connaître à nos juges qu'on ne vient aux plus grands crimes que par degrés, et que le peu de sévérité que les lois ont apporté jusqu'à présent à punir les moindres crimes, est la source qui produit les plus grands ; nous avons résolu d'y pourvoir......... » Aux termes de l'article 3 de cette déclaration, tout individu reconnu coupable d'un vol simple devait être condamné à la peine du fouet, et de plus, être flétri d'une marque ayant la forme de la lettre V Il est à remarquer que toutes ces dispositions législatives fixent le minimum, mais non le maximum de la peine, qui, étant laissé à la libre appréciation du juge, pouvait s'élever jusqu'à la peine de mort, tous les articles finissent en effet en ces termes : « le tout sans préjudice de plus grande peine, s'il y écheoit suivant l'exigence du cas. »

Au dix-huitième siècle, la législation criminelle en vigueur était un composé de toutes les ordonnances de nos anciens rois ; elle se maintint à peu près la même jusqu'à la Révolution de 1789. Il est facile de s'assurer, en parcourant les œuvres de Jousse ([1]) et de Muyart de Vouglans ([2]), qui furent les criminalistes les plus distingués de cette époque, que les vols accompagnés de circonstances aggravantes ou du moins presque tous, tels que les vols avec effraction, avec armes et déguisement, et

---

([1]) *Trait. de just. crim.*, t. IV, p. 266.
([2]) L. criminelles, p. 288.

d'autres encore, étaient punis de mort. Quant aux vols
simples, on leur faisait l'application des dispositions
pénales de l'article 3 de la déclaration du 4 mars 1724.
Ainsi, l'ensemble de cette législation renfermait des vices
importants : elle consacrait une échelle pénale qui avait
pour conséquence de placer au même degré des crimes
d'une gravité bien différente; par exemple, le voleur et
le meurtrier étaient l'un et l'autre punis de mort, il
fallait donc, pour éviter cette injuste assimilation, varier
les supplices en augmentant les tortures avec l'importance du crime. On peut encore lui reprocher le pouvoir
discrétionnaire qu'elle laissait au juge dans la fixation du
maximum de la peine, dont le minimum seul était indiqué
par la loi. Il y avait un danger incontestable de laisser à
la libre disposition d'un tribunal la vie de celui qui était
déclaré coupable, même d'un vol simple. On peut enfin
ajouter qu'on prononçait la peine de mort contre presque
tous les vols qualifiés ; nos anciens législateurs tendaient
à compromettre la sécurité des personnes en voulant
donner à la propriété une protection plus énergique. En
effet, le voleur devait, le plus souvent, ne pas reculer
devant l'accomplissement de deux crimes dont l'un pouvait lui servir à cacher l'autre, sans compromettre
davantage son existence.

Le Code pénal de 1791, dont la rédaction révèle un
esprit de réforme en harmonie avec les tendances révo-
lutionnaires de cette époque, vint renverser tout l'édifice
législatif construit au moyen âge. Sans doute, des
réformes étaient nécessaires, il fallait faire disparaître
bien des vices de la législation ancienne ; mais il arriva

que la réaction fut trop violente ; le rédacteur de la loi, voulant corriger une faute, en commit une autre ; voulant faire disparaître un abus, il tomba dans un excès contraire. Ainsi, il fallait adoucir une pénalité excessive dans bien des cas, mais non supprimer toute sévérité lorsqu'il s'agissait de punir les vols les plus graves. Or, en décidant que la peine ne pourrait s'élever à plus de vingt-quatre années de travaux forcés, le législateur de 1791 ne se montrait pas assez sévère dans la répression de certains vols. De plus, et c'est encore un reproche important qu'il faut lui adresser, dans le but de supprimer le pouvoir discrétionnaire accordé au juge par l'ancien Droit, il lui enleva toute faculté, non-seulement de changer la nature de la peine, mais encore celle d'en fixer le quantum suivant le degré de culpabilité du prévenu. Ainsi, la loi pénale fut renfermée dans des limites fixes et invariables, les tribunaux se virent refuser toute faculté de varier la durée de la peine, suivant les circonstances qui peuvent modifier la nature du vol ; ce fut la loi elle-même qui, prévoyant ces circonstances, détermina quelle influence elles devaient exercer sur l'étendue de la peine.

Il fut reconnu, quelques années plus tard, que le système de pénalité consacré par le Code de 1791, n'offrait pas un caractère de sévérité capable de réprimer les actes de brigandage devenus fréquents à cette époque, par suite du trouble qui régnait dans l'ordre social, et qui avait pour conséquence d'exposer non-seulement les citoyens à des dangers personnels, mais encore la propriété à des déprédations faciles. C'est d'après ces motifs, que la loi du 26 floréal an V, déclara punissables de la peine de mort, les vols qui seraient commis dans une maison habitée et qui seraient, en outre, accompagnés des circonstances qu'elle énumère. La même peine fut appliquée, par la loi du 29 nivôse an VI, aux vols sur les grands chemins.

Le Code de 1810, augmentant encore la sévérité des lois précédentes, permit d'infliger aux vols les plus graves, la peine des travaux forcés à perpétuité, et même celle de mort, dans le cas spécial prévu par l'ancien article 381. De plus, il accorda au juge un certain pouvoir discrétionnaire dans l'application de la peine, en lui permettant non pas d'en changer la nature, mais d'en varier l'étendue d'après l'importance accidentelle du délit où du crime. La loi du 25 juin 1824 vint étendre le pouvoir laissé au juge d'abaisser le montant de la peine; celle du 28 avril 1832 eut pour but principal d'abolir la peine de mort dans le cas de l'article 381, ce qui entraîna une réforme dans l'ensemble du système pénal. Enfin, la loi du 13 mai 1863 a eu pour but d'abord d'assimiler aux vols véritables, au point de vue de l'application des peines, certains faits qui, ne pouvant être soumis aux principes généraux, devaient jusqu'alors rester impunis; et, ensuite, d'effacer quelques incorrections qui avaient été laissées dans les dispositions du Code pénal relatives au vol, comme nous le verrons dans la suite de cette étude, que nous diviserons en deux parties; dans l'une, nous traiterons spécialement du vol au point de vue dé de la loi pénale; dans l'autre, nous rechercherons ses effets au point de vue de la loi civile.

PREMIERE PARTIE
Du vol au point de vue de la loi pénale.

CHAPITRE PREMIER
Des éléments constitutifs du vol.

Les crimes et délits contre les particuliers se divisent en deux classes, suivant qu'ils tendent à compromettre la sûreté de la personne même de la victime, ou à porter atteinte au droit de propriété. Parmi les crimes et délits qui s'attaquent directement aux biens qui font l'objet d'une propriété publique ou privée, le Code pénal place, en première ligne, le vol qu'il définit dans l'article 379 : « La soustraction frauduleuse de la chose d'autrui ». Cette définition est la reproduction de celle que le jurisconsulte Paul avait déjà donné dans ses Sentences : *Fur est qui dolo malo rem alienam contrectat.*

L'étymologie du mot *vol* nous offre, en Droit français, les mêmes incertitudes que celle du mot *furtum* en Droit romain ; de là, des opinions différentes qui sont souvent peu fondées. Quelques auteurs ont donné à cette expression une origine qui peut avoir le mérite d'une originalité assez curieuse, mais qui n'est pas assurément le résultat de recherches sérieuses et d'une longue réflexion. Elle consisterait à dire que le voleur est ainsi nommé parce qu'il disparaît avec la rapidité de l'oiseau lorsqu'on essaie de l'atteindre, ou encore, parce que la chose qu'il a enlevée semble avoir pris son vol. On a prétendu, avec plus de raison, et c'est l'étymologie que nous considérons comme la plus probable, que le vol vient du mot *involare*, qui a été pris par plusieurs de nos auteurs latins, tels que Tacite et Catulle, dans le sens de se précipiter sur une chose pour s'en emparer.

Pour que le vol puisse être considéré comme un crime ou un délit soumis à une sanction pénale, il faut qu'il présente certains caractères spéciaux exigés par l'article 379 ; il faut : 1° qu'il y ait soustraction ; 2° qu'elle soit frauduleuse ; 3° qu'elle ait pour objet une chose appartenant à autrui. Nous allons examiner successivement ces trois éléments essentiels de l'existence du vol.

SECTION Ire

De la Soustraction.

Il faut entendre par soustraction, l'acte par lequel on enlève une chose sur laquelle on n'a aucun droit, contre la volonté de son légitime possesseur. Il faut donc que le voleur ait d'abord saisi, appréhendé la chose pour l'enlever et la déplacer ensuite, dans le but de se l'approprier : d'où il résulte que, si elle a été remise volontairement et sans nécessité par le propriétaire à celui qui refuse ensuite de la remettre, on ne peut considérer ce fait comme un vol véritable ; car il ne suffit pas qu'il y ait appropriation frauduleuse de la chose d'autrui. Quand même la remise ne serait qu'une tradition momentanée, faite sous la condition d'une restitution immédiate (¹) ; quand même elle aurait été consentie par erreur (²), on ne pourrait voir, dans un fait de ce genre, qu'une rétention frauduleuse, pouvant constituer un délit d'une autre espèce, mais non une soustraction revêtue des caractères exigés par l'article 379. Suivant cette règle générale, la Cour de cassation va jusqu'à décider qu'il n'y aurait pas soustraction suivant le sens légal et précis de ce mot, si la remise avait été obtenue à l'aide de mensonges ou de manœuvres frauduleuses. Tel serait le cas d'un créancier qui, feignant de rendre ou de déchirer un billet constatant l'existence de sa créance, obtiendrait ainsi de son débiteur la souscription d'un nouveau billet pour une somme égale, et réclamerait ensuite un double payement (³). Il n'y aurait encore lieu qu'à l'exercice d'une action civile contre la future qui, à la suite d'une renonciation à un projet de mariage, refuserait de rendre tout ou partie des cadeaux qu'elle aurait reçus, et retiendrait sans droit, la donation étant soumise à la condition tacite et suspensive de la célébration du mariage (⁴).

Mais pour que la remise volontairement consentie par le propriétaire s'oppose à ce qu'il y ait soustraction aux termes de l'article 379, la loi exige comme condition nécessaire qu'elle ait eu lieu sans nécessité. La même décision ne pourrait donc plus s'appliquer au débiteur

(¹) Cass., 7 janvier 1864.
(²) Cass., 22 mai, 1856.
(³) Cass., 18 octobre. 1837.
(⁴) Cass., 30 janvier 1829.

qui refuserait de payer et même de rendre le titre remis
par son créancier; alors, en effet, aucune faute ne lui
serait imputable, puisque le débiteur a le droit de réclamer communication du titre pour le vérifier avant tout
payement (¹). Cette distinction introduite par la Cour de
cassation ne nous paraît pas exempte de critique ; nous
avons posé en principe que la soustraction devait con-
sister dans une main-mise, une appréhension de la chose
accomplie en dehors de la volonté du propriétaire ; or,
cette condition se concilie difficilement avec toute idée
de remise, fût-elle même forcée. On peut encore reprocher à cette doctrine d'offrir de grandes difficultés dans
la pratique, car il sera souvent difficile pour le juge de
reconnaître si la remise a été bénévole ou forcée, si elle
constitue ou non une faute imputable à son auteur.

On peut, à ce sujet, soulever la question importante
de savoir s'il y a soustraction véritable et par suite vol
dans le fait de celui qui, trouvant une chose perdue sur
un chemin public ou partout ailleurs, l'emporte dans
l'intention de ne pas la restituer. D'après nos anciennes
coutumes (²), celui qui trouvait un objet appartenant à
autrui devait le remettre au seigneur haut justicier qui
en acquérait la propriété s'il n'était pas réclamé dans les
quarante jours. La loi du 20 avril 1791 vint enlever ce
privilége aux seigneurs qui, dans la suite, n'eurent aucun droit sur les choses trouvées. Nous trouvons, dans
l'article 717 du Code civil, que les droits sur les choses

(¹) Cass., 11 janvier 1867.
(²) Cout. d'Orléans, art. 166.

perdues dont le maître ne se présente pas, seront fixés par des lois particulières; mais on chercherait en vain ces lois, qui jusqu'ici ont échappé à la mémoire du légis-lateur. Il n'existe sur cette matière qu'une décision du ministre des finances, du 5 août 1825, qui porte que l'ad-ministration pourra remettre l'objet trouvé à l'inventeur si le propriétaire ne le réclame pas dans un délai déter-miné. Cette décision ministérielle, qui avait pour but d'encourager le dépôt des objets trouvés et d'assurer autant que possible les droits du propriétaire, se fondait sur l'article 2279 du Code civil pour attribuer la propriété à l'inventeur après un certain temps. Mais aucune loi n'est venue sanctioner l'obligation de remettre la chose à celui qui l'a perdue ou de la déposer dans un lieu déter-miné afin que le délai et la publicité du dépôt permette de la réclamer, et cette observation s'applique à la circu-laire du 5 août 1825 aussi bien qu'à une ordonnance rendue à Paris, par le préfet de police, le 19 fructidor an XIII, qui prescrivait également la restitution immé-diate au propriétaire, ou s'il était inconnu, un dépôt exé-cuté dans les vingt-quatre heures chez l'officier de police le plus voisin. En l'absence de toute disposition légis-lative, devons-nous considérer la soustraction d'une chose perdue comme un vol punissable des peines générales édictées par la loi? Il est permis d'hésiter en présence des considérations suivantes : d'abord, si ce fait doit être puni aussi sévèrement qu'un vol ordinaire, on arri-vera à ce résultat injuste d'appliquer la même peine à des actes dont la criminalité sera différente; il est incontes-table, en effet, que le voleur qui, dans un but prémédité, cherche un objet et s'en empare, fait preuve d'une perversité beaucoup plus grande que celui qui, le trouvant par hasard sur son chemin, cède à la tentation de se l'approprier. On pourrait encore ajouter que les termes mêmes de l'article 379 s'opposent à ce qu'un fait de cette sorte constitue un vol véritable. L'affirmative, pourrait-on dire pour motiver cette assertion, ne faisait aucun doute en Droit romain, parce que les mots *contrectatio fraudulosa* indiquaient suffisamment que le simple fait de conserver la chose contre la volonté du propriétaire suffisait pour constituer un vol; mais le Code de 1810 ayant substitué aux termes du Droit romain l'expression de *soustraction frauduleuse*, implique l'idée nécessaire d'une dépossession qui n'existe pas dans l'espèce. Cette argumentation repose sur une erreur juridique; comme le fait remarquer Merlin ('), elle suppose que le propriétaire perdant une chose qui lui appartient, perd en même temps la possession de cette chose et que, pour ce motif, il ne peut être dépossédé et victime d'une soustraction frauduleuse dans le sens de l'article 379; or, rien n'est plus faux, car la perte de la détention matérielle d'une chose ne peut en faire perdre la possession suivant ce principe de la loi romaine : *licet possessio nudo animo acquiri non posssit, tamen solo animo retineri potest* ('). Nous admettrons donc, conformément à l'opinion enseigné par la majorité des auteurs (') et suivant la jurisprudence de la Cour de cassation, aujourd'hui constante sur cette

---

(') Répart. V°, vol., sect. 1
(') L. 4, *de Adquir. poss.* Digeste.
(') Conf. Blanche, p. 58. — Cinq. étud.

question (¹), que l'enlèvement frauduleux d'une chose perdue constitue un vol dont tous les éléments sont réunis, puisque le coupable s'est emparé de la chose d'autrui, sachant qu'elle ne lui appartenait pas, et qu'enfin il suffit qu'il ait agi à l'insu du propriétaire. Toutefois, pour qu'il y ait vol d'une chose perdue, il faut que la soustraction offre un caractère particulier, il ne suffit pas que l'inventeur ait conservé la chose dans l'intention de se l'approprier ; mais il est encore nécessaire que cette intention ait existé au moment même où il a appréhendé la chose. Le fait ne serait donc pas punissable, si le possesseur de la chose trouvée n'avait formé qu'après un certain temps le dessein coupable de ne pas la restituer au propriétaire, car l'intention frauduleuse n'existait pas au moment de la soustraction, nous l'avons supposé dans l'hypothèse, et il n'a pu y avoir soustraction lorsque l'intention frauduleuse a pris naissance, puisque l'inventeur était déjà en possession de l'objet. Ce fait constituera sans doute une action immorale, mais il ne pourra tomber sous l'application de la loi pénale, comme la Cour de cassation l'a décidé dans plusieurs arrêts (²). Mais il n'est pas nécessaire que l'intention frauduleuse existant au moment de l'enlèvement soit prouvée par des faits concomitants, la preuve peut encore résulter d'actes postérieurs, par exemple de la négation formelle opposée aux réclamations du propriétaire. Bien plus, la volonté de restituer la chose ne

---

(¹) Cass., 2 sept. 1830, 2 avril 1835, 20 janvier 1832.
(²) Cass., 2 août 1816. 2 sept, 1830.

pourra être établie que par des preuves certaines; dans le cas contraire, l'intention frauduleuse sera toujours présumée (¹). Du reste, l'importance de la distinction que nous venons d'établir à ce point de vue apparaîtra d'une façon plus évidente quand nous aurons prouvé que les vols résultant de la rétention frauduleuse d'un objet perdu, ne doivent pas subir l'influence de certaines des circonstances prévues par l'article 381, qui, augmentant dans les vols ordinaires la criminalité de l'acte, entraînent l'application d'une peine plus sévère.

Nous pouvons maintenant préciser la différence qui sépare la *contrectatio* du Droit romain de la soustraction indiquée par l'article 379 comme premier élément constitutif du vol. En Droit romain, pour qu'il y eût *contrectatio*, il suffisait que le voleur ait touché, saisi l'objet, et il n'y avait aucun intérêt à rechercher si cette appréhension manuelle avait ou n'avait pas été suivie d'un déplacement. En Droit français, le simple fait d'avoir saisi une chose appartenant à autrui, ne peut être qualifié de soustraction, il faut encore qu'il y ait eu enlèvement, déplacement; c'est là l'idée nécessaire qu'implique l'expression employée par le législateur pour désigner le premier acte essentiel à l'existence du vol.

Sachant, d'une part que la soustraction est un élément constitutif du vol, de l'autre, quels sont les caractères qu'elle doit présenter, nous pouvons encore fixer les différences qui existent entre le vol, l'abus de confiance et l'escroquerie. En principe, ce qui distingue les deux

(¹) Cass., 7 sept. 1855.

derniers délits du premier, c'est qu'ils supposent une dépossession qui résulte du fait du propriétaire lui-même, et non du fait de l'auteur du délit. Ainsi l'abus de confiance suppose la remise d'une chose à une personne qui a qualité pour la recevoir, par exemple, à un dépositaire, mandataire, créancier gagiste : lorsque cette remise est la conséquence de manœuvres frauduleuses employées pour l'obtenir, le délit reçoit la qualification spéciale d'escroquerie. Du reste, nous pouvons ajouter que l'abus de confiance et l'escroquerie ne sont en réalité que des variétés de vols auxquels le législateur a imposé une dénomination particulière résultant du mode de leur exécution.

SECTION II

De l'intention frauduleuse.

Le deuxième élément constitutif du vol est l'intention frauduleuse; suivant le principe du Droit romain : *furtum sine affectu furandi non committitur* ([1]).

L'article 379 du Code pénal exigeant simplement l'intention frauduleuse, n'a pas reproduit la théorie romaine d'après laquelle la *contrectatio* devait être accompagnée de la double intention d'accomplir un acte contraire à la volonté du propriétaire, et de plus, de retirer un bénéfice, *lucri faciendi causâ*. Il suffit que l'agent ait eu la volonté de dépouiller autrui sans qu'il soit utile de

([1]) Instit., 7, *de Oblig. quæ ex del. nasc.*

rechercher s'il a agi par esprit de lucre; ainsi, il faudrait déclarer coupable de vol celui qui, poussé par un sentiment de haine ou de vengeance, enlèverait une chose dans le seul but de faire subir un préjudice à son propriétaire, sans qu'il y ait de sa part volonté de retirer du vol un bénéfice quelconque.

On sait que, dans ce cas, la loi romaine donnait une décision contraire, et cette différence s'explique d'après les principes généraux sur lesquels elle se fonde pour imposer une répression à ces sortes de délits. A Rome, le vol était puni, non-seulement parce qu'il portait une atteinte grave au droit de propriété, parce qu'il était contraire aux intérêts de la société, mais encore et surtout parce qu'il entraînait un enrichissement injuste aux dépens d'autrui. Cette appréciation résulte de la nature même de la peine infligée au voleur, peine pécuniaire qui tendait à faire subir au patrimoine de ce dernier une diminution qui variait suivant la valeur de la chose volée, alors qu'il s'était proposé d'augmenter sa fortune par ce moyen illicite. Il était dès lors raisonnable d'écarter la peine, lorsque le motif qui lui servait de base principale n'existait pas; pourquoi infliger au voleur une perte dans ses biens lorsqu'il n'avait pas eu l'intention de s'enrichir aux dépens d'autrui? Le législateur français n'a pas considéré la peine infligée au vol comme ayant une cause semblable, il l'a soumis à une sanction pénale surtout parce qu'il portait au droit de propriété une atteinte contraire à l'ordre social; il a donc décidé avec raison que cette seule conséquence suffisait pour que le coupable fût puni, sans que l'absence de l'intention de s'enrichir aux dépens d'autrui puisse effacer toute culpabilité. Il appartient au juge de fait d'apprécier l'intention de l'accusé et de déterminer, suivant les circonstances qui ont accompagné le vol, si la soustraction présente ou non un caractère frauduleux.

Du principe que l'intention frauduleuse doit avoir accompagné la soustraction pour qu'il y ait vol, il résulte que celui-là n'est pas punissable qui enlève un objet dont il croit avoir la propriété; de plus, nous croyons, contrairement à la décision des jurisconsultes romains, que la bonne foi suffit pour écarter la fraude, quand même elle serait le résultat non-seulement d'une erreur de fait, mais encore d'une erreur de droit, même la plus grossière, pourvu qu'elle soit établie par des preuves certaines. Ainsi le fermier qui, à l'expiration du bail, enlèverait les pailles résultant des récoltes de la ferme qu'il abandonne, ne pourrait être déclaré coupable de vol, s'il croyait en avoir la propriété. Mais il faut renfermer cette règle dans de justes limites et décider qu'elle cesse d'être applicable au créancier qui, pour se constituer un gage ou obtenir le remboursement de sa créance, s'empare frauduleusement d'une chose appartenant à son débiteur : dans ce cas, il y a soustraction frauduleuse de la chose d'autrui, réunion de tous les éléments qui constituent le vol. La Cour de cassation paraît avoir admis à son origine une opinion contraire (¹), mais l'arrêt de l'an XIII, dans lequel nous la trouvons consacrée, n'a jamais été considéré comme juridique par la doctrine. Ainsi,

(¹) Cass., 1 thermidor an XII.

Merlin la repousse formellement ([1]) et soutient, comme l'a fait du reste la Cour de cassation dans des arrêts plus récents, dans lesquels elle a abandonné son erreur passée, que l'existence d'une créance ne peut légitimer le vol, même lorsqu'il a eu pour but de produire la constitution forcée d'un gage, ou le remboursement d'une créance ([2]).

Nous venons de voir que la bonne foi écarte l'intention frauduleuse, lorsqu'il y a eu enlèvement d'une chose dont on se croit propriétaire par erreur, bien qu'en réalité elle appartienne à autrui; mais quelle solution faudra-t-il donner si nous supposons une hypothèse contraire: celle où la soustraction aurait été commise dans la persuasion qu'elle était contraire à la volonté du maître, tandis qu'à ce moment même il avait consenti à être dépouillé de son bien? Cette question fut soulevée par les jurisconsultes romains et donna lieu à des controverses: Ulpien nous rapporte que Pomponius enseignait qu'il y avait vol dans l'espèce, parce qu'il fallait considérer seulement la culpabilité de l'auteur du délit qui ne pouvait être modifiée par des faits indépendants de sa volonté. Suivant Ulpien, au contraire, dont l'opinion se trouve reproduite dans les *Institutes* de Justinien ([3]), il ne peut y avoir vol lorsque le propriétaire consent à ce que la chose lui soit enlevée, soit parce qu'il n'en retire aucun profit, soit pour tout autre motif, quand celui qui s'en empare, ignorant cette intention du

([1]) Répert. V° vol., sect. I, n° VI.
([2]) Cass. 22 décembre 1808. — 9 mai 1851.
([3]) Liv. IV, t. I, § 8.

maître, croit agir contre sa volonté : cette décision était la conséquence de ce principe: *volenti domino non fit injuria* (¹). Nous admettons la décision donnée par Ulpien, car il ne suffit pas qu'il y ait intention frauduleuse, il faut encore que l'agent se soit emparé de la chose d'autrui; or, cette condition ne peut exister lorsque le propriétaire consent d'avance à perdre la chose, lorsqu'il renonce volontairement à son droit de propriété et la rend ainsi *res nullius*. Cependant, notre législation n'est pas entièrement conforme sur ce sujet au Droit romain : à Rome, la ratification du propriétaire survenue même après l'accomplissement de la *contrectatio* lui enlevait tout caractère délictueux, pourvu que le consentement n'ait pas été obtenu par violence ; chez nous, au contraire, ce consentement ne produit ce résultat que lorsqu'il a été antérieur ou au moins concomitant à la soustraction; ainsi, la ratification postérieure éteindra sans doute le droit d'exercer des poursuites civiles appartenant à la partie lésée, mais elle ne produira aucun effet sur l'action pénale. S'il en était autrement en Droit romain, c'est parce que la personne victime du vol pouvait seule requérir en son nom personnel l'exercice de l'action pénale; or, une ratification, même postérieure à l'acte, entraînait de sa part une renonciation à ce droit et rendait toute poursuite désormais impossible.

Après avoir admis que la soustraction ne peut constituer un vol qu'à la condition de présenter un caractère frauduleux, il faut ajouter que la déclaration du jury ne

---

(¹) L. 46, § 8, *de Furtis.*

peut entraîner une condamnation qu'autant qu'elle indique en termes formels que l'accusé a été reconnu coupable d'avoir agi dans l'intention criminelle exigée par l'article 379. Il ne serait pas suffisant, comme l'a jugé la Cour de cassation, que les jurés aient répondu en ces termes à la question posée : l'accusé est coupable d'avoir soustrait tel objet. Un arrêt de la Cour d'assises du département de la Nièvre avait condamné un accusé sur une réponse semblable faite par le jury; mais il fut annulé par la Cour de cassation dont l'arrêt est ainsi motivé : « Attendu que les jurés n'ont point employé l'expression complexe de vol et qu'à l'expression simple de soustraction, qu'ils ont prise dans leur réponse, ils n'ont point ajouté celle de frauduleuse, qui pourrait déterminer la moralité de la soustraction et lui donner le caractère de vol (¹) ».

La restitution de l'objet volé opérée volontairement par le voleur dans un temps plus ou moins rapproché de l'accomplissement du vol et avant toutes poursuites, ne peut changer la nature du délit et empêcher l'exercice de l'action pénale; car le fait délictueux est consommé dès que la soustraction de la chose d'autrui a été commise, nulle circonstance postérieure dépendant de la volonté de l'auteur ne peut faire disparaître la peine qui s'attache dès ce moment à sa personne par des liens indissolubles. Cependant, ce fait manifestant le repentir du coupable, pourra être pris en considération par le juge

_____

(¹) Cass., 20 oct. 1815. Conf. 12 décembre, 1868.

pour adoucir la rigueûr de la peine dans la limite de la loi ([¹]).

Nous allons rechercher, en terminant, l'examen de ce deuxième élément du vol, si l'extrême indigence peut dans certains cas faire disparaître l'intention frauduleuse de l'agent, et par suite la criminalité de l'acte, ou si elle ne peut être considérée que comme une cause d'atténuation dans la peine. Au seizième siècle, celui qui poussé par la misère, commettait un vol *furans propter necessitatem*, ne devait être puni que d'une peine très-légère, et cela était possible, puisqu'à cette époque la fixation du minimum de la peine était laissée à l'arbitrage du juge. Mais lorsqu'elle fut renfermée dans des limites certaines, et que ce pouvoir discrétionnaire fut ainsi enlevé au juge, certains auteurs n'osèrent pas considérer des soustractions commises dans ces circonstances comme des vols, parce qu'il leur parut inique de les soumettre à la pénalité commune qui, vu le peu de gravité du délit, offrait une sévérité excessive; d'autres admirent une opinion contraire, et c'est celle à laquelle il faut s'arrêter en présence du silence de la loi. En effet, tous les éléments du vol sont réunis et pour reconnaître si la soustraction est punissable, il n'est pas utile d'apprécier le mobile qui a fait agir, il suffit qu'elle soit accompagnée de l'intention de dépouiller autrui; or, la pauvreté, même la plus extrême, ne peut être considérée en principe comme un cas de force majeure enlevant toute liberté d'action, comme s'opposant à ce que

([¹]) Cass., 28 avril 1866.

le voleur ait eu conscience qu'il s'emparait du bien d'autrui. Une décision différente serait non-seulement contraire au principe absolu de l'inviolabilité du droit de propriété, mais encore offrirait un danger très-sérieux dans la pratique, en permettant à l'indigent de se procurer les choses indispensables à son existence, sans avoir recours à la charité publique. Cependant, cette circonstance pourra diminuer la culpabilité de l'auteur du vol et permettre de lui appliquer une peine moins rigoureuse.

SECTION III

De l'objet du vol.

Le vol, supposant nécessairement que la chose a été enlevée et déplacée, il faut établir, en principe, qu'il ne peut avoir pour objet que des choses mobilières et corporelles. Mais il n'est pas exigé que la chose volée ait toujours eu un caractère mobilier, on pourrait, en effet, voler un immeuble qui serait devenu meuble au moment de la soustraction par les actes destinés à rendre possible son accomplissement. Ainsi, les diverses productions du sol qui sont des immeubles tant qu'elles n'ont pas été séparées du fonds qui les a produites, devenant meubles dès que le voleur a opéré cette séparation, peuvent être l'objet d'un vol.

L'article 379 exige que la chose volée appartienne à autrui; mais il n'impose pas la condition que l'auteur de la soustraction ait connu le légitime possesseur pourvu qu'il existe; peu importe enfin que ce dernier ait eu connaissance du vol, qu'il ignore même son droit de propriété sur la chose volée. De ce principe résulte cette première conséquence incontestable, qu'il n'y a pas vol, lorsque l'objet appartient à celui qui l'a soustrait, eût-il même agi dans la persuasion qu'il s'emparait du bien d'autrui. La solution de cette question sera le plus souvent facile dans la pratique; cependant, il peut se présenter certains cas dans lesquels il sera important et difficile de rechercher, suivant les principes du Droit civil, si le prévenu avait encore ou n'avait plus la propriété de la chose au moment du vol.

En Droit romain, le fait de celui qui employait la violence pour recouvrer la possession d'une chose qui lui appartenait ou qu'il croyait de bonne foi lui appartenir, ne restait pas impuni : suivant les constitutions impériales, le coupable était puni, dans le premier cas, de la perte de la propriété; dans le second, il était tenu à la restituer en payant une fois sa valeur ([1]). Cette décision de la loi romaine n'a jamais été suivie dans notre ancien Droit; aussi, en présence du silence de la loi actuelle, il faut admettre qu'un fait de cette nature ne doit pas être considéré comme un vol; il ne peut encourir une sanction pénale que comme constituant un acte de violence. Mais, si l'accusé allègue pour sa défense que la chose enlevée par lui était sa propriété, la question préjudicielle qu'il soulève ainsi est-elle de la compétence des tribunaux criminels appelés à décider la question principale du délit, ou bien faut-il la renvoyer devant la juri-

([1]) Théod. L. 7. *Unde vi*. Code.

diction civile? Il faut décider que l'examen de la question accessoire relative au droit de propriété rentre dans les attributions du juge criminel, suivant le principe général d'après lequel le juge de l'action demeure juge de l'exception. Ce principe, absolu lorsqu'il s'agit d'une propriété relative à des objets mobiliers, ne peut subir des exceptions dans le cas contraire, qu'en vertu d'une décision formelle de la loi ; or, ces restrictions apportées par les articles 189, 327 du Code civil et 182 du Code forestier sont étrangères à l'exception qui nous occupe (¹).

Du principe que le vol doit avoir pour objet la chose d'autrui, il faut tirer cette autre conséquence, que celui-là n'est pas punissable qui s'empare d'une chose qui n'appartient à personne. Les *res nullius* devenant la propriété du premier occupant, il faut en conclure que celui qui s'en empare ne fait que disposer de sa propre chose, pourvu qu'elles ne soient pas déjà devenues propriété privée par une occupation antérieure. Les animaux sauvages sont considérés comme des choses n'appartenant à personne ; il faut excepter cependant, avec l'article 524 du Code civil, les pigeons des colombiers, les lapins de garennes, les poissons des étangs, qui appartiennent exclusivement au propriétaire du fonds : celui qui s'empare de ces animaux est donc coupable de vol, sauf quelques restrictions apportées par des lois spéciales. Ainsi, l'article 2 du décret du 4 août 1789, qui abolit le droit exclusif des fuies et colombiers, porte que les pigeons devront être enfermés aux époques fixées par

(¹) Cass. 4 août, 1865.

les municipalités et que, pendant ce temps, ils seront
considérés comme gibier ; dès lors, toute personne a le
droit de les tuer et de s'en emparer sur son terrain (¹).

La Cour de cassation a jugé qu'il fallait ranger parmi
les choses n'appartenant à personne les boues et immondices déposées sur la voie publique, malgré l'adjudication
qui en aurait été faite à un entrepreneur. On peut donc
les enlever sans être coupable de vol tant que l'adjudi-
cataire n'en a pas pris possession. En effet, le règlement
d'un maire défendant à toute autre personne qu'aux
adjudicataires d'enlever les boues et immondices, ne
peut avoir pour résultat d'en attribuer la propriété à ces
derniers au moment où elles sont déposées sur la voie
publique ; mais seulement le droit exclusif de les enlever
pour en acquérir la propriété dès la prise de possession.
Ainsi, les habitants qui violeraient la défense portée
par l'autorité municipale, ne seraient passibles que des
peines établies par les règlements municipaux (²).

Celui qui possède sur une chose un droit de copropriété, commet un vol lorsqu'il s'empare de la chose
tout entière, par exemple, l'inventeur d'un trésor dont
la propriété appartient, d'après l'article 716 du Code
civil, moitié à celui-ci, moitié au propriétaire du fonds
sur lequel il a été découvert, est coupable d'une soustraction frauduleuse de la chose d'autrui relativement à
la moitié qui est attribuée au propriétaire du fonds,
même à son insu. L'application de cette règle a été contestée lorsque la soustraction émane d'un copropriétaire

(¹) Cass., 20 septembre 1823.
(²) Cass., 12 avril 1850.

qui a la qualité de cohéritier ou de coassocié, Suivant les jurisconsultes romains, celui qui détournait un objet faisant partie d'une succession, ne pouvait être poursuivi par l'action *furti*, mais par une action particulière attachée au *crimen expilatæ hereditatis* ([1]). Notre ancien Droit décidait que le cohéritier ne pouvait, dans ce cas, être passible que des peines civiles indiquées dans les articles 792 et 801 du Code civil ([2]). On pourrait soutenir qu'une décision analogue doit être admise sous l'empire de la législation actuelle, parce que la fiction de l'article 883 du Code civil, d'après laquelle tout héritier est réputé avoir toujours eu la propriété des objets compris dans son lot, s'oppose à l'application de l'article 379 qui exige qu'il y ait eu soustraction frauduleuse de la chose d'autrui : on pourrait encore ajouter que les faits de ce genre sont de la nature de ceux qui sont prévus par l'article 380 du Code pénal, et qu'il y a les mêmes motifs d'écarter l'action publique pour ne laisser subsister que la pénalité civile des articles 792 et 801 du Code civil ([3]). Sans s'arrêter à ces objections, la Cour de cassation adopte avec raison une opinion contraire; il est, en effet, incontestable que tout copropriétaire, quelle que soit sa qualité, qui s'empare de la totalité d'une chose qui ne lui appartient que pour partie, dispose sans droit de celle qu'il sait appartenir à autrui, et cela suffit pour qu'il soit coupable de vol ([4]). Quant aux articles 792 et

[1] L. 3, liv, III, t. 36, Code.
[2] Jousse, *Just. crim.*, t. IV. p. 195.
[3] Conf. M. Bourguignon. *Jurisp. des Cod. crim.*, t. III, p. 363.
[4] Cass., 27 février 1836.

801 du Code civil, ils ne sont relatifs qu'aux instances
civiles et ne modifient en rien l'exercice de l'action publique. Il sera donc important de rechercher si la soustraction de là chose héréditaire a été commise par le
conjoint survivant au préjudice de l'époux prédécédé,
ou par un des cohéritiers qui se trouve ascendant ou
descendant de la partie lésée, ou enfin par tous autres
héritiers au préjudice les uns des autres. Dans les deux
premiers cas, l'article 380 s'opposera à l'exercice des
poursuites criminelles; dans le dernier, l'action publique
pourra être intentée. Si nous recherchons maintenant
quels effets doit produire le détournement frauduleux
d'un objet de la société, commis par un des coassociés au
préjudice des autres, il faudra lui accorder toutes les
conséquences pénales d'un vol véritable. Dabord, la loi
romaine était formelle à ce sujet ([1]), et notre ancien
Droit n'y a point dérogé, car Jousse nous apprend que,
dans l'hypothèse supposée, l'associé commet un vol
punissable comme tel, bien qu'il ajoute aussitôt qu'il
ne faut pas lui appliquer les peines ordinaires du vol,
mais une pénalité spéciale laissée à la libre appréciation
du juge ([2]). Enfin, la loi ne prononce contre eux aucune
peine civile qui puisse faire croire que toute autre pénalité doit être écartée. ([3]).

Nous avons posé en principe que toute chose corporelle mobilière pouvait être l'objet d'un vol, mais ce
principe cesse d'être applicable, bien que la chose

([1]) L. 45, de Furtis, Digeste.
([2]) L. crim. pr. 284.
([3]) Cass., 5 nov. 1808.

volée offre ces caractères, lorsque l'agent du vol est époux, ascendant ou descendant de la personne dépouillée. Quel est d'abord le motif qui a inspiré au législateur cette décision de l'article 380 du Code pénal? A-t-il considéré une soustraction de ce genre comme un délit, comme un vol véritable qu'il a simplement mis à l'abri d'une sanction pénale? La considère-t-il, au contraire, comme un fait blâmable sans doute au point de vue de la morale, mais ne réunissant pas tous les éléments constitutifs du vol? Il est important, même au point de vue pratique, de fixer le caractère véritable des soustractions de l'article 380; car, si la loi ne les considère pas comme un délit, il faut ajouter qu'elles ne peuvent constituer des circonstances aggravantes d'autres crimes qu'elles ont accompagnés, par exemple, d'un meurtre commis par un enfant sur la personne de son père. La chambre d'accusation de la Cour de Poitiers, jugeant que la soustraction qui avait suivi un meurtre semblable à celui que nous venons de prévoir, ne pouvait être regardé comme une circonstance aggravante, indiquait par là qu'elle ne lui reconnaissait aucun caractère délictueux. Sur le pourvoi du ministère public, l'arrêt fut annulé par la Cour de cassation : « Attendu que les exceptions portées par l'article 380 du Code pénal, qui s'opposent à l'exercice de l'action publique, ne sont applicables qu'au cas où le vol forme l'objet principal de la prévention et non à celui où il n'en est qu'un accessoire, comme dans le cas prévu par l'article 304 du Code pénal, parce qu'alors le vol que le meurtre a précédé, accompagné ou suivi, n'est pas seulement un crime commun

avec le crime de meurtre, mais bien avec une circonstance aggravante de ce crime, puisqu'il donne lieu à une
aggravation de peine; d'où il suit que l'article 304 renferme des dispositions générales qui ne sont pas susceptibles d'être modifiées par les exceptions portées en
l'article 380 du Code pénal, lorsqu'elles doivent être
appliquées limitativement au fait du vol isolé de tout
autre crime (¹). »

La doctrine consacrée par la Cour de cassation dans
l'arrêt de 1837, dont nous venons de rapporter les principaux motifs, nous paraît contraire à l'esprit de l'article 380. En nous fondant sur des considérations juridiques
qui nous paraissent concluantes en faveur d'une opinion
contraire, nous croyons pouvoir soutenir que si la loi
prononce une immunité au profit des personnes qui se
trouvent dans les conditions de parenté requises par elle,
ce n'est pas uniquement parce qu'elle veut empêcher la
divulgation des scandales domestiques capables de porter
la haine et la désunion dans les familles, mais surtout
parce qu'elle considère ces soustractions comme dépour-
vues de toute criminalité. En effet, la nature et la loi
établissent des liens si intimes entre certains membres
d'une même famille, entre deux époux, entre un ascendant et un descendant, qu'il est impossible de ne pas
considérer cette communauté d'existence et d'intérêts
comme ayant une influence relative au droit de propriété,
qui n'est pas séparé d'une façon absolue entre ces personnes. Ainsi, bien que le fils ne soit pas véritablement

(¹) Cass., 21 décemb. 1837.

copropriétaire des biens de son père, qu'il ne puisse exercer sur eux nul droit de copropriété, il possède cependant sur ces biens des droits éventuels, qui peut-être ne s'ouvriront jamais, mais qui n'en existent pas moins en germe, et s'opposent à ce que la soustraction ait pour objet la chose d'autrui. L'enfant qui diminue ainsi le patrimoine paternel enlève un objet appartenant à la famille; or, il fait lui-même partie de la famille, il enlève donc une chose sur laquelle il a des droits. Le tribun Faure reconnaissait la vérité de ces motifs, lorsqu'il disait, à la séance du Corps législatif du 9 février 1810 : « Il serait dangereux qu'une accusation puisse être poursuivie dans des affaires où la ligne, qui sépare le manque de délicatesse du véritable délit, est souvent très-difficile à saisir (¹). » Ce même motif servit de base à notre législation ancienne pour établir la même règle. Suivant Muyart de Vouglans, la raison qui empêche les poursuites criminelles, lorsqu'il y a soustraction entre époux, ascendant et descendant, repose « sur l'espèce de droit que ces sortes de qualités donnent sur la chose même que l'on soustrait (²). » Nous allons voir maintenant que l'article 380, loin de déroger à la loi ancienne, reconnaît par les termes mêmes dont il se sert, que les faits qu'il prévoit ne constituent pas des vols proprement dits. Il se sert en effet du mot simple de *soustraction*, qui n'implique point la réunion de tous les éléments constitutifs du délit, tandis que partout ailleurs, il se sert du mot *vol*, qui ne peut laisser aucun doute sur la nature du fait dé-

(¹) Locré, t. XXXI, p. 141.
(²) L. crimin. p. 283.

lictueux. Or, cette différence d'expression ne peut résulter que des caractères différents de l'acte qui, ne constituant qu'un fait immoral, a reçu du législateur la qualification de soustraction et non celle de vol. Bien plus, la disposition finale de l'article 380 porte que tous les autres individus qui auraient recélé ou appliqué à leur profit tout ou partie des objets volés, doivent être punis comme coupables de vol. Ainsi, ceux qui sont coupables de complicité pour recel, ne sont pas punis comme complices, mais comme auteurs d'un vol ayant une existence propre et indépendante; or, cela ne peut s'expliquer qu'en supposant l'absence du délit principal, auquel la complicité ne peut se rattacher comme un fait accessoire. On objecte que l'immunité accordée par l'article 380 ne reçoit son application que lorsque les soustractions qu'il prévoit font l'objet principal de poursuites criminelles, et non lorsqu'elles deviennent un fait accessoire d'un autre crime. Mais, lorsque la loi décide sans aucune restriction que les soustractions entre époux ou entre ascendants et descendants ne donnent lieu qu'à des réparations civiles, ce serait violer sa disposition que de les soumettre à une sanction pénale quelconque, soit comme délit principal, soit comme circonstance aggravante. On essayerait vainement d'objecter qu'en règle générale le vol diffère de la circonstance aggravante, car, dans l'espèce, qu'est-ce que la circonstance aggravante, si ce n'est le vol? Enfin, on peut ajouter que la théorie contraire à celle que nous admettons entraînerait cette conséquence inexplicable de considérer les mêmes soustractions comme punissables dans certains cas comme cause d'aggravation d'une peine prononcée contre un autre crime, tandis que, dans d'autres, elles ne produiraient aucun effet au point de vue pénal. Si nous supposons, en effet, qu'un vol commis par un enfant sur les biens paternels ait été accompagné de coups et blessures, ces derniers faits, pris séparément, pourront seuls constituer un délit punissable, mais le vol restera toujours impuni (¹) ; tandis que, en supposant que cette même soustraction ait accompagné le meurtre de l'ascendant, il sera puni comme circonstance aggravante du crime. Telle est donc, en résumé, la véritable interprétation qu'il faut donner à l'article 380 : les soustractions commises entre époux, entre ascendants et descendants, et réciproquement, peuvent donner lieu à des réparations civiles, mais elles ne tombent pas sous l'application de la loi pénale, parce qu'elles n'offrent pas les caractères d'un délit, soit qu'on les prenne comme un fait isolé, soit comme un fait accessoire d'un autre délit, soit comme circonstance aggravante d'un crime, soit enfin comme accompagnées elles-mêmes de circonstances aggravantes.

Pour fixer l'étendue que doit recevoir l'article 380 dans son application, il faut rechercher d'abord quels sont les actes, ensuite quelles sont les personnes qu'il prévoit dans sa disposition. Le texte ne parle que des soustractions, d'où on pourrait conclure qu'il ne peut s'étendre à des faits d'une nature différente, parce qu'il renferme une exception à des règles générales, et qu'en principe toute disposition exceptionnelle de la loi doit

(¹) Cass., 6 octobre 1853.

être interprétée d'une façon limitative. Malgré cela, nous croyons nous conformer à l'intention du législateur en appliquant l'article 380 à des faits qui ne sont pas des soustractions proprement dites, mais qui doivent leur être assimilés; tels sont l'extorsion de signature, le chantage, l'abus de confiance, l'escroquerie. D'abord, les deux premiers ont été placés dans la section relative aux vols; or, l'article 380 étant placé en tête de cette section comme une règle générale à toute la matière, doit s'appliquer à tous les faits que la loi réunit pour leur donner la qualification de vols. S'il en est de même pour l'abus de confiance et l'escroquerie, bien que ces sortes de délits ne supposent aucune soustraction, c'est parce qu'ils ont avec le vol des rapports intimes qui permettent de les assimiler à ce point de vue, et surtout parce que les motifs qui expliquent l'application de l'article 380, relative aux soustractions proprement dites, sont au moins aussi raisonnables quand il s'agit d'escroquerie ou d'abus de confiance, car les relations d'intimité entre l'auteur et la partie lésée rendent sinon impossible, du moins très-difficile la fixation de la limite où s'arrêtera le manque de délicatesse pour faire place à l'abus de confiance (¹). Cette extension peut encore se fonder sur les travaux préparatoires du Code pénal dans lesquels nous trouvons des termes beaucoup plus généraux, ainsi Faure disait devant le Corps législatif : « Le principe consacré par la loi nouvelle consiste à rejeter l'action publique et n'admettre que l'action privée, c'est-

(¹) Cass., 28 avril 1866.

M. Bonnard.   9

à-dire l'action en dommages-intérêts *à l'égard de toute espèce de fraude* commise par les maris au préjudice de leurs femmes..... » Louvet disait également, dans son rapport : « Le projet s'occupe encore d'un genre de soustractions que la législation de presque tous les peuples éclairés a cru devoir affranchir de la rigueur des poursuites criminelles ; je veux parler des *atteintes à la propriété* qui peuvent se commettre entre époux..... (1) » Mais il ne faudrait pas donner à l'article 380 une étendue exagérée et contraire à l'esprit de la loi en l'appliquant aux faux en écriture publique, à l'incendie, aux destructions de clôtures et d'édifices, bien que ce soit là des faits portant atteinte à la propriété. Rien ne nous autorise à les assimiler aux soustractions prévues par l'article 380 : d'abord, le faux n'est pas considéré comme un délit contre les particuliers, puisqu'il est placé dans le Code pénal parmi les crimes et délits contre la paix publique ; de plus, et ceci s'applique à l'incendie et au bris de clôture aussi bien qu'au faux, le dommage causé peut atteindre des personnes étrangères aux parents ; ces délits portent atteinte non-seulement aux intérêts particuliers, mais encore à la paix publique, et cela suffit pour rendre impossible l'application de l'article 380. Du reste, la jurisprudence de la Cour de cassation est constante à ce sujet (2) ; elle pose même ce principe, que la disposition de notre article cesse d'être applicable même aux faits qui, étant réunis par la loi dans la même section, sont assimilés aux vols,

(1) Locré, t. XXXI, p. 141 et 170.
(2) Cass., 24 février 1836. — 2 juin 1853. — 3 décemb. 1857.

bien qu'ils aient été accomplis par un époux au préjudice de l'autre, ou par un descendant au préjudice d'un ascendant et réciproquement, lorsqu'en réalité ce sont des tiers qui subissent le dommage résultant de la soustraction. Ainsi, d'après le paragraphe 6 de l'article 400, modifié par la loi du 28 avril 1838, le débiteur qui, après la saisie, détourne un objet saisi, doit être puni pour abus de confiance, bien qu'en réalité il dispose de sa propre chose : si nous supposons maintenant que le détournement soit commis par l'époux ou les enfants du saisi, ces derniers ne pourront invoquer l'immunité de l'article 380, bien que l'objet appartienne à l'époux ou à l'ascendant saisi, parce qu'alors le préjudice est souffert par les créanciers saisissants (¹). Suivant les mêmes motifs, l'article 594 du Code de commerce décide que le conjoint ascendant ou descendant du failli ou allié au même degré, qui aura diverti ou recélé des objets appartenant à la faillite, sans être complice du failli, doit être puni des peines du vol. Sachant donc que l'immunité de l'article 380 ne peut exister que lorsque la soustraction a eu lieu directement et exclusivement au préjudice des personnes qu'il énumère, il sera important de rechercher à qui appartenait la chose au moment de son enlèvement.

L'article 380 énumère les personnes qui peuvent invoquer le bénéfice de sa disposition ; elle est applicable aux parents et alliés en ligne directe, mais elle cesse de l'être aux parents et alliés en ligne collatérale, parce que, dérogeant aux principes généraux, l'énumération

(¹) Cas., 19 février 1842.

qu'elle donne doit être regardée comme limitative. Cependant, il ne faudrait pas lui imposer des limites trop restreintes ; ainsi, les articles 161 et 162 du Code civil, 278 et 283 du Code de procédure civile, décidant que le lien de parenté établi par le mariage entre le nouveau conjoint et les enfants du premier lit, n'est pas détruit par la mort du père ou de la mère qui a contracté un second mariage, il faut admettre que le beau-père qui, après le décès de sa femme, soustrait un objet appartenant aux enfants qu'elle avait eu d'un précédent mariage, ne peut être soumis à des poursuites criminelles (¹).

Il en serait de même des soustractions commises par un enfant du premier lit au préjudice de sa belle-mère et depuis la mort de son père (²); mais le frère, qui s'empare d'un objet appartenant à son frère (³), la nièce qui dépouille son oncle et réciproquement (⁴), ne peuvent bénéficier de la même faveur.

L'article 380 ne fait aucune distinction entre la filiation légitime et la filiation naturelle. Cette affirmation n'est pas contestée ; mais ne distingue-t-il pas entre l'enfant naturel qui n'a pas été reconnu par son père ou sa mère et celui qui l'a été? On pourrait soutenir qu'une reconnaissance selon les formes prescrites par la loi, résultant de la déclaration du père ou de la mère, insérée dans l'acte de naissance, ou d'une preuve testimoniale

---

(¹) Cass., 20 décemb. 1819.
(²) Orléans, 10 janv. 1859.
(³) Cass., 1 juill. 1841.
(⁴) Cass., 25 septemb. 1818.

appuyée sur un commencement de preuve par écrit, est
nécessaire pour que l'enfant naturel puisse invoquer l'article 380, qui n'est applicable qu'autant que les liens de
parenté sont établis d'une façon certaine ; or, la reconnaissance seule peut produire cette condition nécessaire.
Bien que la Cour de cassation se soit prononcée dans
ce sens (¹), nous pensons qu'il suffit que la parenté naturelle soit prouvée par des faits publics, constants et
irrécusables, sans qu'il soit indispensable qu'elle résulte
d'une reconnaissance faite selon les formes de la loi
civile, dont les dispositions ne doivent pas être étendues
à ce sujet aux matières criminelles (²).

L'article 380 s'applique encore, sans nul doute, aux
enfants adoptifs; ils acquièrent en effet, d'après les articles 247 et suivants du Code civil, dans leur famille
adoptive, un titre et des droits semblables à ceux des
enfants légitimes ; de plus, l'article 299 du Code pénal,
relatif au parricide, assimile formellement aux enfants
légitimes les enfants naturels et adoptifs : pourquoi
donc le législateur aurait-il changé d'avis dans la rédaction de l'article 380? Mais il cesserait d'être applicable,
si la soustraction avait été commise par un enfant soit
naturel, soit adoptif, au préjudice d'un ascendant autre
que son père ou sa mère ; on sait, en effet, que, suivant
l'article 756 du Code civil d'une part, et de l'autre, suivant les articles 349 et 350, la loi n'établit aucun
lien de parenté entre l'enfant naturel reconnu ou l'en-

(¹) Cass., 25 juillet 1834.
(²) Conf. Blanche, *quat. étud.* n° 489.

fant adoptif et les ascendants de leurs père et mère (¹).

Les diverses personnes auxquelles nous avons accordé le bénéfice de l'article 380, lorsqu'elles ont elles-mêmes commis la soustraction, ne sont pas punissables par *a fortiori*, lorsqu'elles ont participé comme complices à ces mêmes soustractions commises par des étrangers à la famille. Mais, que décider lorsqu'un tiers est reconnu coupable de complicité pour avoir prêté assistance à une soustraction commise, par exemple, par un époux au préjudice de son conjoint ? Ce fait devra-t-il produire les conséquences générales de la complicité, c'est-à-dire entraîner contre le prévenu la peine portée contre l'auteur principal, ou bien le fait accessoire resterait-il impuni comme le fait principal ? Pour nous, il n'est pas douteux que les complices doivent bénéficier de la faveur de l'article 380. On sait, en effet, que la décision de cet article se fonde non-seulement sur l'intérêt des familles, mais surtout sur l'absence de toute criminalité punissable des faits qu'il prévoit. Or, la complicité est un fait accessoire dont l'existence est dépendante de celle du délit ou du crime qu'elle accompagne, en ce sens que c'est lui qui la fait naître, lui qui, donnant à l'acte un caractère délictueux, le soumet à une peine égale à celle qu'il entraîne contre son auteur. De là, cette conclusion obligée, qu'il ne peut y avoir de complicité punissable relativement aux soustractions de l'article 380, qui ne constituent ni crimes ni délits. Les termes du deuxième paragraphe de notre article viennent encore nous confir-

---

(¹) Cass., 10 juin 1813.

mer dans notre opinion ; il évite de donner la qualification de complice au tiers étranger à la famille, lorsqu'il
le déclare punissable pour avoir recélé ou appliqué à son
profit tout ou partie des objets soustraits par les personnes que la loi couvre de la même immunité ; bien
plus, il la rejette implicitement, en décidant qu'ils seront
punis *comme coupables de vol ;* enfin, cette disposition
finale de l'article 380 n'aurait pas sa raison d'être :
pourquoi viendrait-elle prévoir et punir exceptionnelle-
ment certains cas de complicité, si elle n'entendait pas
s'opposer dans l'espèce à l'application des principes généraux de la complicité ? La Cour de cassation s'exprime
ainsi, relativement aux complices de ces soustractions :
« D'après le premier alinéa de l'article 380, des vols
commis par des enfants au préjudice de leurs pères ou
mères, ne peuvent donner lieu qu'à des réparations
civiles que, par suite du principe posé en l'article 59, les
complices de ces vols n'encourent en général aucune
peine ; qu'à cette règle, résultant de la combinaison de
ces deux articles, il n'y a d'exception que celle qui est
écrite dans le deuxième alinéa du même article 380, et qui
fait cesser à l'égard des recéleurs et de ceux qui appliquent
à leur profit tout ou partie des objets volés, le bénéfice
de la disposition contenue dans le premier alinéa (¹). »
Mais s'il faut admettre en principe que les personnes
qui prennent part à la soustraction ne peuvent être déclarées coupables d'une complicité punissable, sauf les exceptions admises contre les recéleurs et ceux qui ont appli-

(¹) Cass., 1ᵉʳ octob. 1840.

qué à leur profit les objets soustraits, la même immunité
ne doit pas être étendue aux étrangers à la famille qui,
ayant participé d'une façon directe au fait accompli
par un des parents de la victime au degré indiqué par la
loi, doivent être considérés comme coauteurs. En effet,
quelle raison sérieuse de permettre à l'étranger de bénéficier de l'article 380, lorsque, par exemple, il a agi de
concert avec le fils pour l'aider à commettre une soustraction au préjudice de son père? Les limites de la
propriété ne sont-elles pas assez certaines entre eux pour
qu'il y ait enlèvement frauduleux de la chose d'autrui?
Ces relations intimes de famille qui réclament la protection de la loi existent-elles dans l'espèce? Enfin, tous les
éléments exigés par l'article 379 ne sont-ils pas réunis?
Cette distinction entre le complice et le coauteur appliquée à l'hypothèse qui nous occupe, fut d'abord appré-
ciée d'une manière différente par les Cours diverses qui
eurent à se prononcer sur la question([1]). En 1845, elle a
été tranchée d'une façon définitive par la Cour de cassation, par un arrêt des Chambres réunies qui est principalement motivé sur ce que « cet étranger ne se trouvait
pas dans le cas de se prévaloir des considérations morales
qui, dans un intérêt de famille, ont désarmé la loi, reste
nécessairement exposé aux conséquences légales de
l'acte qu'il a commis et dont l'incrimination, en ce qui
le regarde, ne saurait être écartée par la circonstance
qu'un des auteurs de cet acte se trouve dans une position exceptionnelle et protégée([2]) ». Ainsi, comme la

([1]) Cass., 12 avril 1844.
([2]) Cass., Ch. réun., 25 mars 1845.

Cour suprême le reconnaît, le coauteur commettant un délit ou un crime, qui possède une existence séparée et indépendante de tout autre fait, quel qu'en soit l'auteur, doit, pour ce motif, subir les règles de Droit commun, quand même tous les autres avec lesquels il a participé à la perpétration de l'acte pourraient invoquer l'article 380. Le même arrêt porte encore que, lorsque des étrangers à la famille ont pris part les uns comme coauteurs, les autres comme complices aux soustractions commises entre époux, ou entre ascendants et descendants, les complices ne jouissent plus de l'immunité que nous leur avons accordée dans le cas où cette soustraction est uniquement le fait d'un parent désigné par l'article 380. Alors, en effet, il existe un délit principal qui suffit pour donner naissance au fait accessoire de complicité et on invoquerait en vain la disposition finale de l'article 380, dont l'application devient impossible, lorsqu'une personne étrangère participant à l'accomplissement de l'acte qui constitue à son égard un vol véritable, fait revivre contre le complice les règles du Droit commun. En résumé, voici la triple décision consacrée par la jurisprudence actuelle de la Cour de cassation : 1° la personne étrangère à la famille qui aura, par une assistance constituant le fait de complicité, coopéré à la soustraction commise entre époux ou entre ascendants et descendants, bénéficiera de l'immunité qui est accordée à l'auteur principal par l'article 380, sauf les exceptions introduites dans le second paragraphe ; 2° lorsque ces mêmes personnes ont coopéré au fait principal de la soustraction, non comme complices, mais en qualité de

coauteurs, la loi les considère comme des auteurs principaux, dont la culpabilité ne peut être modifiée par la
situation des autres, même lorsqu'ils n'avaient aucun
intérêt à fournir une coopération effective ne devant retirer aucun profit de la perpétration de l'acte ; 3° enfin,
supposant que des tiers aient participé comme complices
aux soustractions commises entre les parents indiqués
par l'article 380, avec le concours d'autres personnes
non privilégiées et par conséquent punissables comme
auteurs principaux, il faut décider que ces tiers sont
coupables d'une complicité qui, dans ce cas, produira
toutes ses conséquences pénales.

On a soulevé contre ces deux dernières décisions des
objections diverses qui ne nous paraissent pas assez fondées pour les combattre avec succès. On a soutenu que
la distinction entre les complices et les coauteurs était
aussi impossible en théorie qu'en pratique, en présence
du silence de la loi, ou que tout au moins on ne pouvait
la baser que sur des considérations arbitraires. On a enfin
objecté qu'elle entraîne ce résultat bizarre, de permettre
l'attribution d'une criminalité différente qui sera ou non
punissable d'après la qualification de complice ou de
coauteur qui sera donnée au prévenu, alors que le degré
de culpabilité qui les sépare est souvent insaisissable, et
qu'il pourra même être le même. S'il est vrai que les limites qui séparent ces deux ordres de faits ne puissent
être établies d'une façon certaine, on ne peut aller jusqu'à
dire qu'une confusion absolue doit régner entre les complices et les coauteurs, qui, bien que soumis à une pénalité semblable, sont cependant prévus et séparés par

l'article 59 du Code pénal. Du reste, nous ne croyons pas que toute différence soit aussi impossible à établir que veulent bien le prétendre ceux qui combattent notre opinion. Pourquoi ne pas admettre, dans les faits consti-tutifs de la complicité en général, des degrés différents pouvant, dans certains cas, changer le complice en coau-teur, par exemple, lorsque les actes sont tellement néces-saires à la production du délit ou du crime, qu'ils font partie essentielle de son exécution? Le coauteur sera donc celui qui aura pris une part plus directe et plus intime à l'accomplissement de la soustraction que le complice. On objecte encore qu'il est contraire à l'esprit de la loi de punir le coauteur comme coupable de vol, lorsqu'il a prêté au parent une assistance désintéressée. L'ancienne jurisprudence, dit-on, qui a été la source de l'article 380, distinguait deux sortes d'agents accessoires suivant le motif qui les avait décidé à donner leur concours au fait principal; elle punissait seulement ceux qui avaient participé à la soustraction dans un intérêt personnel; or, il est probable que le législateur de 1810 n'a pas voulu déroger à la loi ancienne, et qu'aujourd'hui comme au-trefois, les complices et les coauteurs ne peuvent être punis, lorsqu'ils n'ont voulu retirer aucun profit du vol.

Jousse dit à ce sujet : « On fait une distinction entre les différents complices, on examine s'ils ont pris des effets à leur profit particulier, ou s'ils n'ont fait qu'exé-cuter les ordres de la veuve, du mari ou de l'héritier. Dans le premier cas, ils doivent être poursuivis par action de vol et punis comme voleurs; mais, dans le deuxième cas, on comprend que l'action doit être civilisée à leur

égard avec celle de la femme, mari ou héritier (¹) ». Il
est facile de reconnaître que la distinction admise par
l'ancien Droit, n'a pas été maintenue dans la législation
actuelle, ni pour le complice ni, pour le coauteur ; puisque
le second paragraphe de l'article 380 punit comme auteurs tous les recéleurs sans distinction, quand même ils
n'auraient retiré aucun bénéfice du recel ou de la soustraction (²).

Enfin, on a opposé que ce serait mettre la loi en
contradiction formelle avec elle-même, en décidant
qu'elle autorise des poursuites criminelles contre les
coauteurs. Quelle est, en effet, la fin qu'elle se propose
par l'application de l'article 380? On sait déjà qu'elle
a voulu protéger l'union des familles, en empêchant
de livrer à la publicité les scandales domestiques : or,
pourquoi aurait-elle renoncé à ce bienfait, quand il
existe des coauteurs; pourquoi aurait-elle supprimé
la faveur qu'elle accorde à certaines personnes, lorsque
des étrangers viennent se joindre à elles pour coo-
pérer à la soustraction? A cela, on peut répondre que
la disposition contenue dans notre article n'a pas été
principalement motivée par l'intention du législateur,
de tenir cachés les secrets des familles intéressant le
plus souvent leur honneur, puisqu'il a permis des poursuites civiles qui entraînent la divulgation publique des
mêmes faits, et on alléguerait en vain que les conséquences d'un procès criminel sont beaucoup plus graves

(¹) *Traité de just. crim.*, t. IV pr. 194.
(²) Cass., 2 janvier 1869.

que celles d'un procès civil, car, dans l'espèce, le déshonneur infligé au coupable, et, par suite, à la famille à laquelle il appartient, résulte bien davantage de la notoriété du caractère infamant de l'acte même, que de celui du tribunal devant lequel il doit comparaître.

On a encore critiqué la troisième règle posée par la Cour de cassation, d'après laquelle les complices des soustractions prévues par l'article 380, deviennent punissables, lorsque des étrangers y participent comme coauteurs. Comment admettre que l'auteur d'un même fait de complicité soit punissable par la présence d'un coauteur étranger, et ne le soit pas dans le cas contraire ? Pourquoi, lorsqu'il existe plusieurs auteurs principaux, le sort du complice est-il lié à celui de l'un plutôt qu'à celui de l'autre ? Sans doute, cela peut paraître étonnant au premier abord ; mais telle est la conséquence des principes généraux. La soustraction a-t-elle eu lieu entre époux ou entre parents au degré indiqué, elle ne peut constituer un délit ; dès lors, pas de complicité punissable. Mais, si un étranger vient participer à la même soustraction comme coauteur, l'immunité de la loi n'existant pas à son profit, nous nous trouvons en présence d'un vol accompagné de complicité, et rien ne peut empêcher l'application des règles de Droit commun.

Le deuxième alinéa de l'article 380 décide que ceux qui auront recélé ou appliqué à leur profit tout ou partie des objets soustraits, doivent être punis comme coupables de vol ; mais il n'indique pas la peine qui doit leur être infligée. Faudra-t-il leur appliquer une pénalité semblable à celle qui serait encourue par les auteurs principaux sans l'immunité de la loi? Ne seront-ils passibles, au contraire, que des peines du vol simple ? L'utilité de la question se présente au point de vue des circonstances aggravantes qui, ayant accompagné la soustraction, devront aggraver la peine dans le cas de complicité punissable, si on admet, avec la Cour de cassation, que le complice doit être puni de la même peine que l'auteur principal ([1]). Nous ne pouvons admettre cette décision, car, d'après l'article 380, les recéleurs ou autres ne sont pas considérés comme des complices ordinaires, mais comme des auteurs principaux, puisqu'il est dit formellement qu'ils sont punis comme coupables de vol. Le recel constitue donc, dans ce cas, un délit séparé et indépendant de la soustraction, un fait dont les caractères ne peuvent être modifiés par des circonstances aggravantes qui lui sont étrangères, et auxquelles il n'a point participé. Ainsi, en supposant qu'un fils ait soustrait un objet appartenant à son père, la nuit, dans une maison habitée, cette circonstance ne pourra servir de cause d'aggravation de la peine encourue par le recéleur de l'objet soustrait, lorsque, d'ailleurs, il ne serait passible que des peines du vol simple.

CHAPITRE II
Des vols considérés comme délits.

En recherchant les caractères que doit présenter le fait délictueux pour constituer un vol, nous avons

[1] Cass., 8 octob. 1818.

reconnu que trois éléments sont nécessaires à son existence; il faut : 1° qu'il y ait soustraction d'une chose;
2° que l'auteur soit coupable d'intention frauduleuse;
3° que la chose soit susceptible d'être volée. Ces trois
conditions sont applicables à tous les vols sans distinction, quelles que soient les modifications qu'ils puissent
subir, par suite des circonstances qui auront accompagné leur exécution. Il faudra donc, avant de qualifier
le vol pour en déterminer la pénalité, s'assurer qu'il
présente les conditions requises par l'article 379 qui
régit toute la matière.

Le vol, considéré par la loi comme un délit, sera punissable d'une peine simplement correctionnelle, qui pourra
varier suivant la nature et la criminalité de l'acte qui le
constitue. Nous placerons dans cette première catégorie,
d'abord ceux que l'article 401 désigne sous le nom de
vols simples; puis certains autres vols prévus et qualifiés par certains textes spéciaux, tels que les altérations
de marchandises par les voituriers et bateliers, les vols
dans les champs, la contrefaçon ou altération des clefs
véritables, le délit de chantage, la soustraction des
objets saisis ou donnés en gage.

§ 1. — *Du vol simple*

La soustraction frauduleuse de la chose d'autrui constituera un vol simple toutes les fois qu'elle ne sera
accompagnée d'aucune des circonstances mentionnées
par le législateur comme donnant au vol qu'elles accom-
pagnent, un caractère de gravité exceptionnel nécessi-

tant l'emploi d'une pénalité plus rigoureuse ; tels sont
les vols qui doivent, en principe, tomber sous l'application de l'article 401. Il n'est pas possible d'en donner
une énumération complète, nous établirons, dans la
suite, par l'étude des circonstances aggravantes, quelles
sont les limites qui séparent les vols simples des vols
qualifiés. Nous pouvons cependant ajouter que le vol,
même accompagné de circonstances exceptionnelles,
restera punissable comme vol simple, lorsque ces
circonstances ne seront pas formellement désignées par
la loi, comme des causes modificatives de la nature
du délit.

L'article 401 distingue les vols non spécifiés, les
larcins et filouteries ; mais il ne faut pas croire que le
législateur a voulu prévoir des délits différents. Ce sont
des vols véritables qui ne diffèrent que par le mode
employé pour leur exécution. Ainsi, le larcin et la filou-
terie diffèrent du vol proprement dit, en ce que le
premier se commet furtivement, par ruse ; le second,
par surprise. « Le vol diffère du larcin, dit Jousse, en ce
que le larcin, à proprement parler, se fait par surprise
ou industrie, ou en cachette, au lieu que le vol se fait
par force ou violence (¹). »

Sous l'empire du Droit romain, le vol simple était
puni d'une peine pécuniaire qui devait comprendre deux
ou quatre fois la valeur de l'objet volé, suivant la distinction établie entre le vol non manifeste et le vol manifeste. Notre législation ancienne appliquait à ces sortes

(¹) *Traité de just. crim.*, t. IV, p. 166.

de délits une pénalité laissée à la libre appréciation du juge, sauf la restriction apportée par la déclaration du 24 mai 1724, d'après laquelle l'auteur d'un vol simple ne pouvait être condamné à une peine moindre que la peine du fouet et de la flétrissure d'une marque (¹). Le Code pénal de 1791 prononçait, dans ce cas, une peine de six mois à deux ans de prison. Enfin, l'article 401 du Code pénal actuel prononce d'abord une peine obligatoire pour le juge, dont le maximum est de cinq ans d'emprisonnement, et dont le minimum de un an, peut être abaissé, d'après l'article 463, jusqu'à six jours de prison, par l'effet des circonstances atténuantes. Les autres peines de l'article 401, telles que l'amende de 16 à 500 francs, l'interdiction des droits mentionnés dans l'article 42 du Code pénal, pendant cinq ans au moins et dix ans au plus, et la surveillance de la haute police pendant le même nombre d'années, sont facultatives pour les tribunaux. Nous devons observer que l'article 401 s'applique non-seulement aux vols, larcins et filouteries consommés, mais encore aux simples tentatives de ces mêmes délits et il faut ajouter qu'elles ne seront punissables qu'autant qu'elles rempliront les conditions exigées par l'article 2 du Code pénal.

§ 2. — *De l'Altération des marchandises par les voituriers et bateliers.*

Lorsque des marchandises confiées à des voituriers ou bateliers pour les transporter d'un lieu dans un

---

(¹) Conf. Jousse, *Just. crim.*, t. IV, p. 170.

autre, ont été volées par eux, la loi considérant la qualité de l'agent comme une cause d'aggravation de la peine, les déclare passibles de la réclusion, d'où il résulte qu'un fait de ce genre constitue un crime et non un délit. C'est donc la simple altération de ces choses par le mélange de substances étrangères que la loi veut punir de peines correctionnelles.

Dans l'ancien Droit, les voituriers qui buvaient ou gâtaient le vin qu'ils étaient chargés de voiturer devaient être punis du fouet ou du carcan ([1]). L'article 387 du Code de 1810 distinguait l'altération par le mélange de substances malfaisantes et l'altération par le mélange de substances non malfaisantes. Dans le premier cas, le fait qualifié crime entraînait la réclusion; dans le second, il n'était plus qu'un délit punissable d'un emprisonnement d'un mois à un an et d'une amende de 16 à 100 francs. La loi du 13 mai 1863 est venue modifier la pénalité trop rigoureuse de l'ancien article 387, dans le cas où le mélange avait été fait avec des substances malfaisantes, elle a substitué à la réclusion une peine correctionnelle de deux à cinq ans d'emprisonnement et une amende de 25 à 500 francs, en réservant aux tribunaux la faculté de prononcer contre le prévenu la privation des droits mentionnés en l'article 42, pendant cinq ans au moins et dix ans au plus et la surveillance de la haute police pendant le même temps. La seconde disposition de l'article 387 n'ayant pas été modifiée, la peine reste la même dans le second cas. Le législateur de

([1]) Conf. Jousse, *Just. crim.*, t. IV, p. 190.

1863 a corrigé par cette réforme un défaut d'harmonie qui régnait dans le système pénal antérieur; en effet, l'article 317 prononçait déjà la peine de la réclusion contre celui qui par l'emploi de substances malfaisantes avait occasionné une incapacité de travail de plus de vingt jours; or, l'article 387 appliquant la même peine à ce mélange, quand même il n'aurait produit aucun effet nuisible, il en résultait que deux actes d'une criminalité différente étaient punis de la même peine.

L'application de l'article 387 exige la réunion de trois conditions nécessaires : il faut d'abord que l'accusé exerce une des professions, ou possède une des qualités que la loi indique; ensuite, que les marchandises lui aient été confiées pour les transporter; enfin, qu'il soit reconnu coupable de les avoir altérées.

Des lois spéciales sont venues étendre l'application de notre article : celle du 10 avril 1825 déclare passibles des mêmes peines, les capitaines, patrons subrécargues, gens d'équipage et passagers qui auraient altéré des vivres ou marchandises commises à bord de tout navire ou bâtiment de mer. Le décret du 24 mars 1852 sur la marine marchande, prononce dans ses articles 60 et 75 des peines correctionnelles contre toute personne embarquée qui altère, par le mélange de substances non nuisibles, des choses destinées à la consommation; si l'altération provient du mélange de substances nuisibles, la peine est de la réclusion.

§ 3. — *Du vol dans les champs.*

La pénalité infligée aux vols commis dans les champs a subi des variation nombreuses dans les diverses périodes de notre législation. Sans parler du crime d'abigéat que nous trouvons chez les Romains, de l'Ordonnance de 1586, sous Henri III, ainsi conçue : « Quiconque dérobera aucun bestial sera pendu et étranglé »; nous trouvons dans les lois anciennes une sévérité excessive contre ces sortes de délits; car, au dire de Jousse et Muyart de Vouglans, la peine en vigueur de leur temps était celle des galères (¹).

Le Code pénal de 1791 punissait de quatre années de détention tout vol de charrues, instruments aratoires, chevaux et autres bêtes de somme, bétail, ruches d'abeilles, marchandises ou effets exposés sur la foi publique, soit dans les campagnes, soit sur les chemins, ventes de bois, foires, marchés et autres lieux publics.

Si le vol avait été commis la nuit, la peine s'élevait à six années de détention. La loi des 28 septembre-6 octobre de la même année sur la police rurale, parut consacrer une pénalité différente en décidant, dans les articles 34, 35, 36 et 37, que quiconque déroberait des productions utiles de la terre, serait condamné à une amende, et suivant le mode employé pour l'exécution du délit, à une détention de police municipale, qui ne pourrait excéder six mois. Dans un arrêt de l'an V, la Cour de

---

(¹) *Trait. de Just. crim.*, t. IV, p. 266. — *Lois crim.*, p. 315.

cassation s'est prononcée sur l'apparente contradiction existant entre ces dispositions législatives, en décidant qu'il fallait appliquer celles de la loi rurale, lorsque le voleur avait lui-même détaché les récoltes du sol; celles du Code de 1791, lorsque les fruits n'auraient été volés dans les champs qu'après la récolte faite par le propriétaire.

La loi du 25 frimaire an VIII vint adoucir les rigueurs du Code de 1791, sans modifier la loi des 28 septembre-6 octobre de la même année. L'article 11 de cette loi substitua à la détention une peine correctionnelle de trois mois à un an de prison, si le vol avait été commis pendant le jour et celle de six mois à deux ans, s'il avait eu lieu la nuit.

Cette pénalité parut insuffisante aux rédacteurs du Code de 1810 pour rendre moins fréquent ce genre de délit; de là, la peine de la réclusion portée dans l'article 388. La loi fut ainsi entraînée dans un excès contraire, et le résultat fut tout différent de celui qu'on attendait; car le jury, effrayé par la sévérité exagérée de la peine, ne craignait pas d'acquitter le prévenu et d'encourager les coupables par l'impunité. La loi du 25 juin 1824 décida, pour obvier à ces inconvénients, que les vols spécifiés par l'article 388 seraient jugés correctionnellement et puni des peines portées en l'article 401.

Enfin, la loi du 28 avril 1832 a divisé les vols dans les champs en plusieurs espèces, pour les soumettre tous à des peines correctionnelles qui, dans certains cas, peuvent être inférieures à celles du vol simple. L'article 388 prévoit quatre sortes de vols, et punit d'abord, d'un emprisonnement d'un an à cinq ans et d'une amende de 16 à 500 francs, quiconque aura volé ou tenté de voler dans les champs des chevaux ou bêtes de charge, de voiture ou de monture, gros ou menus bestiaux et des instruments d'agriculture. A l'époque où ces vols étaient punissables de la réclusion, il était important de rechercher l'étendue qu'il fallait donner à cette première disposition; car, suivant que la soustraction avait ou non pour objet un des animaux ou une des choses qu'elle énumère, elle constituait un crime ou un simple délit prévu par l'article 401. Aujourd'hui, cette question offre bien peu d'intérêt dans la pratique, puisque la pénalité de ces deux articles est à peu près la même; la seule différence qui les sépare, c'est que l'amende obligatoire dans l'article 388 devient facultative dans l'article 401, Pour distinguer ces vols spéciaux des vols simples, il faudra rechercher s'ils ont été commis dans les endroits et sur les choses fixées par la loi; peu importe que les animaux enlevés aient été placés sous la surveillance d'un gardien, tous ces objets sont confiés à la foi publique, l'intérêt de l'agriculture exige qu'ils soient placés sous la protection spéciale de la loi.

Le deuxième paragraphe du même article punit de la même peine les vols dans les bois et dans les ventes, les vols de pierres dans les carrières et de poissons dans les étangs, viviers ou réservoirs. La Cour de cassation a refusé avec raison d'admettre toute distinction entre le cas où le vol de bois avait lieu dans la vente pendant la durée de l'exploitation, et celui où il aurait eu lieu après la terminaison de la coupe, alors que les bois auraient été laissés sur place pour attendre le moment de la vente (¹). Ces choses sont en effet placées sous la foi publique, et les termes généraux employés par la loi s'opposent à toute restriction.

Après avoir passé rapidement sur les vols prévus par les deux premiers paragraphes de l'article 388, nous examinerons avec plus de détails, à cause des peines spéciales qu'ils entraînent, ceux prévus par la troisième disposition du même article ainsi conçue : « Quiconque aura volé ou tenté de voler dans les champs des récoltes ou autres productions utiles de la terre, déjà détachées du sol ou des meules de grains faisant partie des récoltes, sera puni d'un emprisonnement de quinze jours à deux ans, et d'une amende de 16 à 200 francs. »

Si ce même vol était accompagné de circonstances propres à augmenter la culpabilité de l'agent, s'il avait été commis soit de nuit, soit par plusieurs personnes, soit à l'aide de voitures ou d'animaux de charge, la peine serait alors de un à cinq ans d'emprisonnement, et d'une amende de 16 à 500 francs. Une double condition est exigée par la loi dans ces deux espèces : il faut d'abord que l'enlèvement ait eu lieu dans les champs, ensuite que les récoltes ou autres productions du sol aient été avant la soustraction séparées de leurs racines ou de leur tige, par le fait du propriétaire ou d'une personne ayant reçu mission de le représenter. Il faut entendre par *champs,* tout fonds rural situé hors des maisons

---

(¹) Cass., 7 mars 1828.

et bâtiments, quelle que soit sa nature et le genre de culture auquel il est soumis. On entend *par récoltes détachées du sol,* tous les produits de la terre qui sont laissés momentanément dans les champs avant qu'ils soient réunis, enlevés et disposés dans des lieux où la surveillance du maître peut les protéger. Ainsi, on peut citer à titre d'exemples : les javelles et gerbes de grains ([1]); les racines de garance laissées sur le terrain pour sécher ([2]); les pommes de terre laissées en tas dans les champs ([3]); enfin, les grains mis en tas sur une aire, mais à la condition qu'elle soit située dans un champ, car si elle se trouvait dans un terrain fermé, on ne pourrait considérer les choses volées comme confiées à la foi publique; le vol deviendrait punissable des peines de l'article 401 ([4]). Mais la loi n'exige point, comme les termes dont elle se sert pourraient le faire croire, qu'il y ait soustraction de la récolte entière du champ; l'enlèvement même d'une faible partie suffirait pour constituer le délit. Une décision contraire entraînerait cette conséquence absurde, que le voleur qui aurait enlevé la récolte entière d'un champ d'un hectare, ne serait pas puni comme le voleur qui aurait enlevé un vingtième des produits d'un champ de vingt hectares. Il faut entendre par *productions utiles de la terre,* tout ce qu'elle peut produire pour l'usage des hommes et des animaux; cependant, il ne faudrait pas donner à ces termes une acception

([1]) Cass., 27 février 1813.
([2]) Cass., 27 avril 1812.
[3]) Cass., 10 février 1814.
([4]) Cass., 21 juin 1821.

trop large, et les étendre aux planches et autres bois travaillés pour servir aux constructions (¹), ou enfin au lin étendu dans un champ pour y être blanchi (²).

Le troisième paragraphe de l'article 388, prévoyant la même hypothèse, énumère les circonstances qui donnent à ces vols un caractère de gravité plus important. Nous avons déjà vu quelle était leur influence au point de vue de la pénalité. Mais pour que cette aggravation de la peine existe, faut-il que le vol n'ait été accompagné que d'une seule de ces circonstances? Notre article cesse-t-il, par conséquent, d'être applicable, lorsqu'il est accompagné de deux ou de trois. La Cour de cassation a décidé que lorsque le vol des récoltes aurait été commis la nuit et par plusieurs personnes, il fallait appliquer la peine de l'article 386, et non celle du paragraphe 3 de l'article 388. Nous devons observer encore que la loi a déterminé d'une façon limitative les modes d'exécution qui, dans l'espèce, peuvent constituer des circonstances aggravantes. Il faut donc que l'enlèvement des récoltes ait été opéré à l'aide de voitures ou d'animaux de charge; s'il avait été exécuté à l'aide de paniers, de sacs, ou tout autre objet équivalent, ce fait ne pourrait modifier la nature du délit, bien qu'il soit mentionné dans le paragraphe 4 de l'article 388, comme augmentant la gravité des vols de récoltes qui n'ont pas encore été détachées du sol.

Le paragraphe 4 de notre article punit d'un emprisonnement de quinze jours à deux ans et d'une amende de

(¹) Cass., 5 mars 1818.
(²) Cass., 11 novemb. 1813.

16 à 200 francs les vols de récoltes non détachées du sol, mais à condition qu'ils aient eu lieu, soit avec des paniers ou des sacs, ou d'autres objets équivalents, soit de nuit, soit par plusieurs personnes, soit à l'aide de voitures ou d'animaux de charge. Si le vol n'est accompagné d'aucune de ces circonstances, il ne constitue plus qu'une simple contravention prévue par le n° 15 de l'article 475 du Code pénal, punissable d'une amende de 6 à 10 francs.

Deux règles sont communes aux différents délits de l'article 388 : suivant la première, il faut décider qu'ils doivent recevoir la qualification de crimes, lorsqu'ils sont accompagnés des circonstances aggravantes des articles 381 et suivants. Ces articles doivent, en effet, s'appliquer à tous les vols sans distinction, et cette affirmation ne viole en rien l'article 388, car nous avons déjà établi qu'il prévoit simplement l'existence d'une seule des circonstances qu'il énumère comme augmentant la gravité du délit tout en le laissant soumis à des peines correctionnelles. Cependant, ne faut-il pas imposer une exception à cette règle lorsqu'il s'agit de récoltes non détachées du sol ? On pourrait hésiter en présence des conséquences de l'affirmative : la simple contravention de maraudage deviendrait un crime, et la peine s'élèverait de deux degrés, par exemple, si le vol avait été commis avec port d'armes ! Cela pourrait paraître exorbitant. De plus, si l'enlèvement de récoltes a eu lieu la nuit, à l'aide de paniers, de voitures, la réunion de ces trois circonstances ne pourra modifier la nature du délit, tandis que deux pourront l'élever au rang des crimes, par exemple la double circonstance de la nuit et de la complicité.

Malgré ces objections, nous persistons à croire que les articles 381 et suivants s'appliquent à tous les vols sans exception. Telle est, du reste, la décision admise et ainsi motivée par la Cour de cassation dans plusieurs arrêts : « Attendu que lorsque ce vol (le maraudage) est accompagné de circonstances différentes et d'une nature plus grave, il reste régi par le droit commun et rentre dans les dispositions générales du Code pénal ». L'article 388, dans son dernier paragraphe, renferme une règle qui est encore générale à tous les vols qu'il prévoit. Il porte qu'indépendamment de la peine correctionnelle, le juge aura la faculté de prononcer contre le prévenu la privation pendant cinq ans au moins et dix ans au plus des droits mentionnés en l'article 42, et la surveillance de la haute police pendant le même nombre d'années.

L'article 389 punit une dernière espèce de vols dans les champs : cet article, dont la rédaction de 1832 portait : « sera puni de la réclusion celui qui, pour commettre un vol, aura enlevé ou déplacé des bornes servant de séparation aux propriétés », a été ainsi modifié par la loi du 13 mai 1863 : « tout individu qui, pour commettre un vol, aura enlevé ou tenté d'enlever des bornes servant de séparation aux propriétés, sera puni d'un emprisonnement de deux à cinq ans et d'une amende de 16 francs à 500 francs ». Le but de la loi a été d'empêcher, par l'application d'une peine sévère, les usurpations de terrains entre propriétaires voisins ; d'où il faut conclure que l'article 389 n'est applicable que lorsque l'enlèvement était destiné à faciliter un empiètement. Dans le cas contraire, ce même fait tomberait

sous l'application de l'article 456. Mais que faut-il entendre par *bornes?* Faut-il considérer ce mot comme une
expression générique employée par le législateur pour
désigner tout ce qui sert à limiter la propriété, comme
les pierres, arbres, haies ou fossés? L'affirmative ne paraît pas douteuse en présence des motifs qui servent de
base à la sanction pénale de l'article 389. Nous avons
déjà remarqué qu'il avait pour but de réprimer les usurpations de terrains par une peine d'autant plus sévère,
qu'elles sont plus faciles à commettre par ce moyen; or,
pourquoi considérer comme plus coupable celui qui
arrive à ce résultat par le déplacement d'une borne véritable, plutôt que par la suppression d'un fossé. On a
objecté que la loi n'avait dû prévoir que l'enlèvement
d'une borne et non celui de toute autre marque limitative des champs, parce que, dans le premier cas, le délit
ne laissait aucune trace; tandis que l'enlèvement d'un
arbre ou d'une haie est facile à constater. Cet argument
sur lequel se fondent MM. Chauveau et Faustin Hélie
pour admettre une opinion contraire, soulève une question de fait très-discutable (¹). Il peut, en effet, arriver
dans bien des cas que la suppression d'un fossé, par
exemple, soit faite assez adroitement pour ne laisser
après elle aucune trace qui puisse servir à la constater.

§ 5. — *De la contrefaçon ou altération des clefs véritables.*

Le législateur considérant la seule existence des fausses
clefs comme compromettant la sécurité de la propriété

(¹) *Théor. du Cod. pén.* t. V, p. 201.

par la grande facilité qu'elles procurent dans l'accomplissement du vol, ne s'est pas contenté d'en placer l'usage parmi les circonstances aggravantes; il décide encore que le seul fait d'avoir contrefait ou altéré des clefs constitue un délit punissable d'une peine correctionnelle. Ainsi l'article 399 punit d'un emprisonnement de trois mois à deux ans et d'une amende de 25 à 150 francs quiconque aura contrefait ou altéré des clefs; si le coupable est serrurier de profession, la peine s'élève de deux à cinq ans d'emprisonnement, et l'amende de 150 à 500 francs; avant la loi du 13 mai 1863, la peine dans ce dernier cas était de la réclusion. Le simple fait d'avoir contrefait ou altéré des clefs suffit-il pour constituer ce délit ou bien faut-il encore que le contrefacteur ait agi dans le but de faciliter un vol, qu'il ait su que telle était leur destination. Le principe d'après lequel tout délit suppose une intention frauduleuse de la part de l'auteur, nous oblige à décider que la contrefaçon doit avoir été faite en connaissance de l'usage auquel les clefs étaient destinées. Si nous supposons que le contrefacteur ait eu l'intention de faciliter ou de permettre par ce moyen l'accomplissement d'un vol déterminé et connu par lui, il faudra lui appliquer les règles générales de la complicité.

Le délit devient punissable d'une peine plus sévère lorsqu'il est commis par un serrurier de profession : alors, en effet, sa gravité augmente non-seulement parce que le serrurier fait un abus de son état, mais aussi parce que l'altération ou la contrefaçon étant faite le plus souvent par une main habile et exercée à ce genre de travail, devient plus dangereuse. Comme dans le premier cas, il faut que le serrurier connaisse la destination générale des fausses clefs qu'il a fabriquées; mais s'il a agi dans le but de faciliter un vol particulier, il devra être puni comme complice.

§ 5. — *Du délit de chantage.*

La seconde disposition de l'article 400, dont l'origine remonte à la loi du 13 mai 1863, punit d'un emprisonnement d'un an à cinq ans, et d'une amende de 50 à 3000 francs, celui qui, à l'aide de menaces écrites ou verbales, de révélations ou d'imputations diffamatoires, extorque ou tente d'extorquer, soit la remise de fonds ou valeurs, soit la signature ou remise des écrits énumérés dans la première partie de l'article. Tel est le délit désigné sous la dénomination générale de *chantage.*

Il faut que l'extorsion ait eu lieu à l'aide de menaces de révéler ou d'imputer des faits capables de porter atteinte à la réputation; si elle avait été commise par force ou violence, le fait devenant un crime, serait punissable des travaux forcés à temps. Avant la loi de 1863, ce genre de délit ne tombait pas sous la sanction de la loi pénale; c'est donc une lacune importante qu'elle est venue combler, comme il est facile de s'en convaincre par la lecture des motifs invoqués par la commission du Corps législatif, pour expliquer la loi nouvelle : « Le hasard, l'occasion, une confidence imprudente, nous initient quelquefois à des actes qui intéressent le repos des citoyens, l'honneur des familles, la paix du foyer domestique, et dont la révélation peut amener une poursuite criminelle, ou occasionner un scandale. Il se rencontre des hommes assez vils pour profiter de la connaissance qu'ils ont de ces secrets et pour menacer de les dénoncer ou de les répandre, si on ne consent pas à acheter leur silence. D'autres, plus éhontés, ne savent rien qui puisse compromettre la personne qu'ils ont choisie pour victime; mais par des combinaisons astucieuses, ils l'entraînent dans une situation suspecte et difficile à expliquer; ils font naître des circonstances d'où puisse résulter le soupçon d'une action honteuse, et menaçant d'exploiter de simples apparences, ils arrachent à la faiblesse ou à la peur la rançon d'une calomnie dont ils promettent de s'abstenir. C'est ce qu'on nomme vulgairement le chantage. Dans le premier cas, c'est le chantage à l'aide de la menace de révélation d'un fait vrai; dans le second cas, c'est le chantage à l'aide de la menace de l'imputation d'un fait faux (¹). »

Tels sont les deux moyens différents qui peuvent être employés pour opérer l'extorsion; cependant, le chantage est-il également punissable, lorsqu'il a été accompli à l'aide de menaces, soit de divulguer des actions honteuses qui sont vraies, soit d'imputer des faits diffamatoires inventés comme moyen d'intimidation. Il semble que la personne menacée dans son honneur et sa réputation par la révélation d'une action honteuse qu'elle a commise, n'a pas droit à la protection de la loi qui

(¹) V. Blanche, *Six. étud. sur le Cod. pén.*, p. 57.

ne peut se justifier que dans le cas contraire. La société n'est-elle pas intéressée à ce que la faute soit mise au grand jour, afin que le coupable subisse. le châtiment moral qu'il mérite, afin qu'il ne jouisse pas d'une réputation imméritée et trompeuse? De plus, la sanction de la loi resterait le plus souvent sans application par suite du silence obligé de la victime du chantage, qui ne s'exposerait pas à la divulgation des faits qu'elle a intérêt à tenir cachés en dénonçant le coupable à la justice. Il ne faudrait pas se laisser convaincre par ces arguments dont la force apparente est facile à détruire. Sans doute, l'intérêt social exige que le crime ou la faute soit divulguée; mais la loi ne s'y oppose nullement en punissant le chantage; elle réprime, au contraire, un acte qui a pour conséquence d'empêcher cette divulgation, puisque le coupable est celui qui, moyennant une récompense, s'engage à ne pas livrer à la publicité les faits qu'il a surpris. De plus, si ce moyen d'extorsion restait impuni, ce serait rendre responsables, dans certains cas, des personnes qui n'ont aucune faute à se reprocher; car elle peut occasionner un préjudice non-seulement à la victime elle-même, mais encore à toute sa famille. Enfin, la diffamation constitue un délit, que les allégations soient vraies ou fausses, pourquoi n'en serait-il pas de même pour le chantage?

Le délit de l'article 400 diffère de l'escroquerie de l'article 405, qui suppose l'emploi de certaines ruses, de manœuvres frauduleuses spécifiées par la loi; il diffère encore de la menace de l'article 305, qui suppose la crainte d'un mal physique et non celle d'un mal moral, et enfin du crime prévu par la première disposition de l'article 400, qui n'existe qu'autant que la violence physique ou morale enlève toute liberté d'action.

Il n'est point douteux que l'extorsion dont parle le deuxième paragraphe de l'article 400 ne serait plus punissable, si elle émanait de la personne même, victime d'un délit ou d'un crime, qui opérerait ainsi une sorte de transaction sur le droit qu'elle a de porter plainte. Tel serait, d'après la circulaire ministérielle du 30 mai 1863, le cas du mari qui, sans connivence avec sa femme, placerait le complice de l'adultère entre la nécessité d'un sacrifice pécuniaire et le scandale d'une poursuite. Il faut donc que le fait qui doit être l'objet de la révélation n'ait pas occasionné un préjudice à celui qui menace de le divulguer et encore que l'auteur ait agi dans le but de réaliser un gain aux dépens d'autrui, et non d'obtenir, par ce moyen, la réparation forcée d'un préjudice qu'il a injustement souffert ([1]).

La simple menace faite dans le but d'extorquer la remise ou la signature d'un titre, sans que l'extorsion ait eu lieu par suite d'une circonstance indépendante de la volonté du prévenu, constitue une tentative que la loi punit de la même peine. Nous observerons, enfin, que l'action publique peut être intentée dans l'espèce qui nous occupe, non-seulement sur la plainte de la partie lésée, mais encore d'office par le ministère public; car rien ne nous autorise à déroger aux règles générales relatives aux poursuites criminelles.

([1]) Cass., 24 février 1866.

§ 6. — *De la soustraction de objets saisis ou donnés en gage.*

Depuis la loi du 28 avril 1832, la destruction ou le détournement des objets saisis provenant du saisi lui-même constitue un délit punissable. La peine portée par le troisième alinéa de l'article 400 varie suivant que les objets ont été laissés sous sa garde ou confiés à la garde d'un tiers : dans le premier cas, il y a abus de confiance prévu par l'article 406, dans le second, le délit est considéré comme un vol simple et puni par l'article 401. Le saisi conserve la propriété des objets saisis, soit que la possession lui soit laissée, soit qu'elle soit confiée à un tiers ; d'où il résulte qu'il ne peut être déclaré coupable d'avoir soustrait frauduleusement la chose d'autrui et, par conséquent, punissable pour vol suivant les principes généraux de l'article 379 du Code pénal. Ainsi, la loi de 1832 est venue combler une lacune laissée dans la rédaction primitive de l'article 400, en décidant que de ces deux faits l'un serait assimilé à l'abus de confiance, l'autre au vol simple. La loi du 13 mai 1863 a fait disparaître une dernière omission laissée par la loi de 1832, en décidant que les tentatives de ces mêmes destructions ou détournements seraient punies de la même peine.

L'article 400 doit recevoir son application dans toute espèce de saisie, même dans le cas de saisie immobilière. Sans doute, des immeubles ne peuvent être l'objet d'une soustraction frauduleuse, mais ils peuvent être détruits ; or, la loi punit la destruction aussi bien que le détournement des objets saisis ([1]).

Nous avons déjà décidé que l'époux qui détourne un objet appartenant à son conjoint contre lequel une saisie a été pratiquée, n'étant plus protégé par l'immunité de l'article 380, parce que le préjudice est en réalité souffert par les créanciers saisissants, est passible des peines de l'article 400. La même règle est applicable à tous les parents désignés par l'article 380.

Il faut étendre la disposition de notre article à la destruction ou au détournement des objets qui, d'après l'article 1961 du Code civil, sont placés sous un séquestre judiciaire. Ces objets se trouvent sous la main de la justice et, comme dans le cas de saisie, la loi doit assurer le respect des actes de l'autorité publique ([2]). Il faudrait admettre une décision contraire si les biens saisis n'étaient pas confiés à la garde du saisi ou à celle d'un tiers, mais loués ou affermés. Telle est l'opinion ainsi motivée par la Cour de cassation : « Lorsque l'immeuble est saisi ou affermé, le preneur reste en possession en vertu de son bail, sans recevoir aucune mission de la justice et sans contracter aucune des obligations propres aux gardiens et séquestres; d'où il suit que l'article 400 qui doit, comme toute disposition pénale, être exactement renfermé dans ses termes, ne peut recevoir d'application dans ce cas ([3]) ».

Il n'est pas nécessaire que la saisie soit notifiée pour que le détournement devienne un délit; il suffit qu'elle

---

([1]) Cass., 25 avril 1840.
([2]) Cass., 13 août 1869.
([3]) Cass., 25 avril 1840.

ait été connue du saisi d'une façon quelconque (¹). Peu
importe encore que la nullité de la saisie soit prononcée
après que les objsts saisis ont été détournés, ce fait ne
peut faire disparaître la culpabilité du saisi et empêcher
les poursuites d'un délit déjà consommé (²).

La loi du 13 mai 1863, afin de donner à la constitution de gage des sûretés qui doivent en augmenter la
faveur, a introduit dans l'article 400 une disposition
nouvelle d'après laquelle tout débiteur, emprunteur ou
tiers donneur de gage qui détruit, détourne ou tente de
détruire ou de détourner les objets par lui donnés à titre
de gage, encourt les peines de l'article 401.

Enfin, le paragraphe final de l'article 400 punit comme
l'auteur principal celui qui est reconnu coupable de complicité, fut-il même conjoint, ascendant ou descendant
du saisi ou donneur de gage, pour avoir sciemment
recelé les objets ou aidé à leur destruction ou détournement.

CHAPITRE III

Des vols considérés comme crimes.

Nous venons de voir que les vols simples, que certains
vols faisant l'objet d'un texte spécial de loi, qu'enfin
plusieurs faits délictueux qui ne sont pas des vols proprement dits, mais qui, leur étant assimilés, sont placés
dans la même section, sont considérés comme des

(¹) Cass., 1 mars 1867.
(²) Paris, 18 juillet 1862.

délits. punissables de simples peines correctionnelles. Mais là ne devait pas s'arrêter la prévoyance du législateur : dans bien des cas le vol offrira un caractère de gravité tellement sérieux, qu'il sera nécessaire de lui donner une qualification plus sévère, de le placer au rang des crimes, afin d'élever la pénalité au niveau de la criminalité de l'acte. Ainsi, nous allons trouver dans les articles 381 et suivants du Code pénal, l'énumération des circonstances aggravantes qui, modifiant la nature du vol qu'elles ont accompagné, entraînent l'application de peines criminelles plus ou moins sévères, soit qu'elles soient toutes réunies, soit que le vol ne soit suivi que d'une ou de plusieurs d'entre elles.

Cette aggravation dans le vol, et par suite dans la peine, repose sur deux considérations différentes qui ont servi de base au législateur dans l'appréciation des circonstances aggravantes qu'il a prévues. Le premier motif sur lequel il s'est fondé, est celui d'après lequel tout fait accessoire du vol, d'où résulte une perversité plus nuisible, une audace plus grande de la part du coupable, doit élever la peine encourue par lui ; tels sont les faits de complicité, effraction, violence, escalade. En second lieu, il a jugé que le vol devait entraîner des conséquences plus graves au point de vue de la pénalité, dans les cas où il est plus difficile de s'en garantir, parce qu'il constitue une violation des rapports de confiance nécessaires entre l'auteur et la victime ; telles sont les soustractions commises par les domestiques au préjudice de leurs maîtres, par les voituriers et aubergistes au préjudice des voyageurs. Du reste, même dans ce dernier cas, la loi tient compte de la perversité de l'agent, comme considération secondaire motivant sa sévérité dans la peine. Nous pouvons ici rappeler une différence importante qui sépare notre législation de la loi romaine. A Rome, la valeur seule de l'objet volé occasionnait en principe une variation dans la pénalité ; chez nous, au contraire, le législateur ne fait aucune attention à l'importance du préjudice causé ; il ne s'est pas spécialement fondé pour apprécier la criminalité de l'acte sur la lésion qu'il fait subir aux intérêts particuliers, mais plutôt sur la culpabilité même de l'agent résultant de son audace, de sa perversité, du péril encouru par la victime. La loi française a soulevé, à ce sujet, quelques critiques : on lui a reproché, comme un défaut, de punir de la même peine deux vols de même nature dont l'un aurait pour objet une chose de grande valeur, tandis que l'autre porterait sur une chose de minime importance. On a prétendu que ce manque de distinction dans la loi pénale entraîne souvent des acquittements immérités de la part du jury, qui préfère absoudre le coupable plutôt que d'entraîner par sa déclaration l'application d'une peine qui n'est pas proportionnée à l'importance du crime. Ces critiques ne nous semblent pas fondées, car la sanction pénale n'a pas seulement pour but de protéger les intérêts des particuliers, mais encore ceux de la société tout entière : il faut donc apprécier, avant tout, le trouble social occasionné par le vol qui reste à peu près le même, quelle que soit la valeur de l'objet volé. Du reste, dans les cas où la criminalité de l'acte se trouve ainsi modifiée, le fait n'est pas sans influence sur la peine qu'il peut abaisser, en procurant au prévenu le bénéfice des circonstances atténuantes.

Les vols sont qualifiés à raison de la qualité de l'auteur, du temps, du lieu où ils ont été commis, et enfin des modes employés pour leur exécution.

Avant la loi du 11 octobre 1830, une circonstance aggravante pouvait naître de la nature de la chose volée. La loi sur le sacrilège, du 20 avril 1825, punissait des travaux forcés les vols de vases sacrés commis dans les églises. Sous le Code pénal actuel, il existe donc quatre classes de vols qualifiés, dont chacune comprend plusieurs espèces de vols; nous allons les parcourir successivement.

SECTION Iʳᵉ

Des vols qualifiés à raison de la qualité de l'agent.

Il peut exister entre l'auteur du vol et la personne qui en est la victime, certaines relations qui ont pour effet de modifier la pénalité; non pas que cette circonstance révèle nécessairement un degré plus élevé d'audace et de perversité, mais parce que ces sortes de vols étant très-faciles à accomplir par suite de la confiance que nous sommes forcés d'accorder à certaines personnes, il en résulte un danger plus grand. Dans cette première catégorie, nous placerons : 1° les vols communément appelés vols domestiques ou de confiance; 2° les vols commis par les aubergistes et hôteliers; 3° les vols commis par les voituriers et bateliers.

§ 1. — *Des vols domestiques.*

Si la loi romaine ne prononçait aucune peine contre
l'esclave qui volait son maître, pas plus que contre le
fils de famille qui dépouillait son père, c'était en vertu
du principe d'après lequel une action ne pouvait naître
entre deux personnes dont l'une était soumise à la puissance de l'autre, et il ne serait pas exact d'ajouter avec
MM. Chauveau et Faustin Hélie ([1]) que si l'esclave ne
pouvait être puni pour vol, c'est parce qu'il existait à
son profit un certain droit de propriété avec tous les
membres composant la même famille, sur le patrimoine
du père de famille, et qu'ainsi cette confusion dans la
propriété devait modifier la nature du délit ; car, sous le
Droit romain, l'esclave était considéré comme une chose,
et ne pouvait, pour ce motif, être investi, même au
moyen d'une fiction, d'un droit de copropriété quelconque
qui doit reposer sur la tête d'une personne.

Les établissements de saint Louis, qui punissaient de
mort ces sortes de vols, considéraient comme domestiques tous ceux *qui sont au pain et au vin de leur maître.*
Cette pénalité rigoureuse fut plus tard reproduite dans
la déclaration du 4 mars 1824, dont l'article 2 porte :
« Le vol domestique sera puni de mort. » Le code pénal
de 1791 vint adoucir la sévérité excessive de la loi
ancienne, en décidant que lorsqu'un vol serait commis
dans l'intérieur d'une maison par une personne commensale ou habitante de ladite maison, ou reçue habituelle-

([1]) *Théor. du Cod. Pén.,* t. **V,** p. 125.

ment pour y faire un service ou un travail salarié, ou même enfin à titre d'hospitalité, la peine serait de huit années de fers. La loi du 25 frimaire an VIII, distingua entre les vols commis par une personne habitante, commensale, employée pour un service journalier ou enfin reçue à titre d'hospitalité, et les vols commis par des domestiques à gages. Dans le premier cas, il réduisit encore la peine en décidant qu'elle ne pourrait être moindre d'une année, ni excéder quatre années d'emprisonnement; la pénalité de 1791 fut maintenue dans le second cas. La peine s'abaissant encore n'était plus que de six mois à deux ans d'emprisonnement, lorsqu'une personne chargée d'un service ou d'un travail salarié détournait les objets confiés pour ce travail ou ce service.

Le code pénal de 1810 a introduit une distinction différente de celle des deux législations antérieures de 1791 et de l'an VIII; elle est, du reste, plus logique et plus conforme au principe qui a dû servir de base au législateur. Si le vol domestique est en effet soumis à une pénalité plus rigoureuse, c'est à cause de la confiance obligée entre certaines personnes, à cause de l'impossibilité d'une surveillance de tous les instants. Telles sont les conséquences des relations qui existent entre le maître et ceux qu'il admet chez lui pour un service habituel et salarié; mais, quant aux personnes qu'il reçoit, soit à titre d'hospitalité, soit comme commensaux ou locataires, le même motif d'aggravation n'existe plus, puisque la confiance qu'il leur accorde est entièrement libre de sa part. Après avoir ainsi modifié le code de 1791, le code de 1810 déroge encore à la loi du 25 frimaire

an VIII, en supprimant toute différence entre les domestiques à gages et les personnes employées, soit habituellement, soit accidentellement à un travail salarié,
L'article 386 est donc ainsi conçu : « Sera puni de la
réclusion, tout individu coupable de vol commis dans l'un
des cas ci-après....; 3° si le voleur est un domestique ou
un homme de service à gages, même lorsqu'il aura
commis le vol envers des personnes qu'il ne servait pas,
mais qui se trouvaient soit dans la maison de son maître,
soit dans celle où il l'accompagnait; ou si c'est un
ouvrier compagnon ou apprenti dans la maison, l'atelier
ou le magasin de son maître, ou un individu travaillant
habituellement dans la maison où il aura volé. »

. L'étude du vol domestique nous amène d'abord à
donner une solution aux deux questions suivantes : que
faut-il comprendre sous la dénomination de domestique?
Dans quelles circonstances cette qualité devient-elle une
cause d'aggravation? La loi considère comme domestique
toute personne qui, demeurant dans la maison et man-
geant le pain du maître, est soumise à son autorité.
Ainsi, elle comprend ceux qui, suivant Pothier, ne sont
pas des domestiques, mais plutôt des serviteurs, parce
qu'ils sont préposés par leur maître à un service déterminé, bien qu'il puisse leur en commander d'autres; tels
sont les jardiniers, les gardes-chasse (¹). La Cour de
cassation définit le domestique : « celui qui, étant logé
et nourri dans une maison, travaille pour le compte du
maître à raison d'un salaire, fût-il même fixé par

(¹) *Trait. des oblig.*, n° 828.

jour ([1]). » Elle étend même cette qualification aux clercs ([2]), aux commis salariés des sous-préfets ([3]), des percepteurs des contributions directes ([4]).

L'article 386 embrasse, dans sa disposition, les vols commis par les domestiques ou gens de service, au préjudice du maître, et ceux commis par les mêmes personnes, au préjudice de personnes qu'ils ne servent pas, mais qui sont dans la maison de leur maître ou dans celle où ils l'ont accompagné. Cependant, ces deux cas ne doivent pas être confondus. Si le vol a eu lieu au préjudice du maître, peu importe l'endroit où il a été commis, peu importe encore que ce soit dans sa maison, pendant son absence, ou enfin dans une maison étrangère où il ne se trouvait pas; partout le vol offrira les mêmes caractères de gravité. En effet, la confiance dont il est investi le suit partout, on peut même dire que l'abus en devient plus grave, lorsque l'absence du maître s'oppose à toute surveillance et rend la soustraction plus facile. La Cour de cassation décide, à ce sujet, que le vol commis par le domestique au préjudice de son maître constitue un crime, « n'importe en quel lieu se trouvassent, lors de sa perpétration, les objets volés ([5]) ».

Avant la loi de 1832, une question vivement controversée était celle de savoir si le domestique, le commis salarié ou le caissier qui détourne ou dissipe les sommes

([1]) Cass., 15 aaril 1813.
([2]) Cass., 28 sept. 1827.
([3]) Cass., 14 février, 1828.
([4]) Cass., 24 janvier 1823.
([5]) Cass., 14 avril 1831.

qui lui ont été confiées pour effectuer un payement, commet un abus de confiance, punissable d'une simple peine correctionnelle, ou bien un vol domestique, entraînant contre le coupable la peine de la réclusion. La Cour de cassation, se fondant sur des raisons d'équité et sur une fiction d'après laquelle le domestique devait être considéré dans cette hypothèse comme auteur d'une soustraction véritable-des sommes remises par le maître, décidait qu'il fallait voir dans ce détournement un vol domestique. C'était sans nul doute violer la loi, que de confondre deux délits d'un caractère si différent; on sait, en effet, que l'abus de confiance consiste dans le détournement d'une chose volontairement remise, le vol dans la soustraction, l'enlèvement opéré contre la volonté du propriétaire; or, le domestique qui détourne une somme à lui confiée par son maître, ne s'en empare pas à son insu, il ne commet pas une soustraction frauduleuse et par suite un vol. La loi de 1832 est venue tarir cette source féconde de discussions, en décidant que ce crime, tout en conservant la qualification d'abus de confiance, serait puni de la réclusion.

L'article 386 concerne les vols commis par les domestiques, même au préjudice des personnes qu'ils ne servaient pas. Mais ici il importe de rechercher le lieu de la soustraction; la qualité de l'agent ne peut en effet servir de cause d'aggravation que lorsque le vol a eu lieu dans la maison du maître ou dans celle où il l'accompagnait. Cette restriction de la loi s'explique sans peine : lorsque des objets sont apportés dans la maison du maître par une personne étrangère, il en a la surveillance, sa responsabilité est mise en jeu si le domestique trahit la confiance dont il l'a investi; il en est de même lorsqu'il est introduit dans une maison où il l'a accompagné. Mais dans tous autres cas, ces motifs n'existent plus, par exemple, lorsque le serviteur a été envoyé par le maître dans une maison étrangère, lorsque le vol a eu lieu dans un endroit public où il l'accompagnait ; lorsqu'enfin les objets détournés appartenant à des tiers étaient transportés sur l'ordre du maître.

En prenant à la lettre les termes du troisième paragraphe de l'article 386, il faudrait décider que le vol n'offrirait plus les mêmes caractères, si la personne étrangère ne se trouvait pas dans la maison du maître au moment de l'exécution. Une pareille inconséquence de la loi serait injustifiable, elle serait même contraire aux motifs qui expliquent l'aggravation de la peine dans tous les autres cas. Comment admettre, en effet, que le domestique ne trahisse pas la confiance dont il est investi, lorsque les objets laissés par leur propriétaire dans la maison du maître sont alors directement placés sous sa surveillance et sous sa responsabilité? Il semble, au contraire, que des raisons plus sérieuses doivent aggraver la culpabilité de l'agent, lorsque le propriétaire ne se trouve pas là pour veiller à la conservation des objets qui lui appartiennent. Du reste, pour faire cesser toute hésitation relative à cette anomalie apparente, il suffit de préciser l'étendue des deux dispositions de l'article 386 sur la matière. La première est absolue, et s'applique à tous les vols commis dans la maison du maître sans distinction; soit que l'objet appartienne à

celui-ci, soit à un tiers ; notre hypothèse est donc prévue
par cette règle générale. La seconde prévoit spécialement
le cas où les objets ont été apportés par un étranger
dans une maison où il se trouvait au moment du vol, et
qui étant encore sous sa surveillance, n'engageaient pas
la responsabilité du maître d'une façon aussi complète.
Cette interprétation donnée à l'article 386 se trouve confirmée par de nombreux arrêts de la Cour de cassation (¹).

En nous fondant sur les mêmes motifs, nous admettons une décision semblable, lorsque le vol a été commis
au préjudice du maître d'une maison étrangère où le
domestique aurait accompagné son maître, bien que le
propriétaire fût absent au moment de la soustraction.

Nous allons rechercher maintenant quels sont les caractères d'un délit trop fréquent et dont la répression in-
téresse trop vivement le maintien de l'ordre public pour
qu'il soit laissé à l'abri d'une sanction pénale. Le détournement que commet un serviteur à gages des sommes
qui lui ont été remises pour l'achat journalier des provisions du ménage, bien qu'il les ait réellement procurées,
mais sans payer les fournisseurs, doit-il être puni comme
vol domestique, délit d'escroquerie ou abus de confiance
au préjudice du maître? D'abord, il est certain qu'un fait
de ce genre ne peut constituer un vol domestique, car il
y a eu remise volontaire de la part du maître, il manque
un des éléments constitutifs du vol exigés par l'article 379. Il ne faudra pas davantage le qualifier d'escroquerie, car ce délit suppose l'emploi de manœuvres frau-

(¹) Cass., 11 fév. 1819. — 10 janv. 1823. — 20 août 1829. — 19 mai 1838.

duleuses, qui ne se rencontreront pas dans l'espèce,
lorsque le domestique n'aura fait usage d'aucun moyen
illicite pour obtenir soit la délivrance de l'argent, soit
celle des fournitures sans payement préalable. Mais il ne
nous semble point douteux qu'il faille voir dans l'espèce
un véritable abus de confiance commis par un domestique au préjudice de son maître, entraînant la peine de
la réclusion depuis la loi du 28 avril 1832. On soutien-
drait en vain que le maître ne souffre aucun préjudice
puisqu'il a profité des fournitures d'une part, et que de
l'autre, il n'est point responsable envers ses fournisseurs
du défaut de payement, lorsqu'il est prouvé que les domestiques ont reçu l'argent avec mission de payer les
objets et qu'ils l'ont dissipé de mauvaise foi. Le serviteur, pourrait-on dire encore, n'a pas trahi la confiance
de son maître puisqu'il lui a procuré les provisions qu'il
réclamait, et qu'en un mot les fournisseurs ont été seuls
victimes du détournement. Ces arguments, présentés par
MM. Chauveau et Faustin Hélie, pour étayer l'opinion que
nous combattons (¹), sont plus spécieux que fondés. D'a-
bord le maître subit un préjudice, puisque la loi le déclare responsable dans l'article 1384, des dommages causés
par ses domestiques, et que, même dans le cas où elle
défend toute espèce de recours contre lui, où par conséquent sa responsabilité n'est pas engagée, il n'en résulte
pas moins une obligation morale, un devoir de conscience, de payer les fournitures dont il a profité. De plus,
on alléguerait en vain qu'il n'y a pas abus de confiance,

(¹) *Théor. du Cod. Pén.*, t. V, p. 141.

car on ne peut pas dire que le domestique a fidèlement rempli son mandat, qui consistait non-seulement à procurer les objets, mais encore à employer les sommes au payement des fournisseurs. Telles sont les considérations employées par M. Dupin ([1]) pour faire triompher devant la Cour de cassation cette décision adoptée par elle ([2]).

L'article 386 prévoit une deuxième espèce de vols domestiques : il déclare punissables de la même peine les soustractions commises par les ouvriers compagnons ou apprentis, dans la maison, l'atelier ou le magasin de leur maître. Ainsi, pour que la qualité de l'agent puisse servir de cause d'aggravation de la peine, il faut une double condition : d'abord que la personne soit une de celles indiquées limitativement par la loi, ensuite que le crime ait eu lieu dans la maison, l'atelier ou le magasin du maître. Si la loi se montre dans ce cas plus sévère pour le coupable, c'est toujours parce qu'il trahit la confiance nécessaire dont il est investi, parce que l'impossibilité d'une surveillance de tous les instants rend ces vols faciles à commettre. Mais cette confiance n'existe à leur égard qu'autant qu'ils se trouvent dans l'atelier, la maison ou le magasin du maître ; aussi le vol n'offre plus les mêmes caractères s'il a été commis partout ailleurs. Ainsi, l'ouvrier qui enlève du toit d'une maison où il travaille tous les jours, le plomb qui le recouvre ([3]) ; celui qui vole dans le domaine de son maître ([4]) ; celui

([1]) Réquisit., t. IV, p. 488.
([2]) Cass., 28 janvier 1842.
([3]) Cass., 11 avril 1822.
([4]) Cass., 24 mai 1832.

enfin qui vole dans la maison contiguë à l'atelier où il travaille, ne commet pas un vol domestique. Malgré le silence de la loi, nous croyons pouvoir décider qu'il n'est pas nécessaire que la chose volée appartienne au maître; il suffit qu'elle se trouve dans l'atelier où l'ouvrier travaille habituellement.

Les soustractions commises par des individus travaillant habituellement dans une maison constituent une troisième espèce de vol. Deux conditions sont nécessaires pour qu'il y ait aggravation de la peine : il faut d'abord que le travail ait été habituel, un travail momentané et accidentel n'est pas suffisant, parce qu'il n'entraîne pas une confiance nécessaire, parce que la surveillance étant de courte durée, devient alors plus facile. Mais que faut-il entendre par travail habituel? Doit-il être répété tous les jours; est-il indispensable que le vol ait eu lieu pendant un jour de travail? La Cour de cassation repousse une interprétation aussi rigoureuse et décide : « que cette distinction est contraire à l'article 386, qui place au rang des crimes le vol commis par un individu travaillant habituellement dans la maison où il aura volé, sans exiger ni qu'il fît un travail habituel et sans interruption, ni qu'il eût fait le vol le jour même où il était appelé à travailler dans ladite maison (¹) ». Mais sans exiger que le travail soit quotidien, il faut au moins qu'il se produise à des intervalles assez rapprochés pour qu'il soit considéré comme habituel. Les termes généraux employés par le législateur excluent toute espèce

(¹) Cass., 27 août 1813.

de restrictions au sujet des personnes ; tout individu, quelle que soit sa qualité et sa condition, subira la peine de l'article 386, par cela seul qu'il travaillait habituellement dans la maison où il a commis le vol (¹).

On doit exiger comme deuxième condition, que le crime ait été exécuté dans la maison où le travail habituel était fait.

Deux observations sont communes aux trois espèces de vols domestiques : d'abord la perprétation du crime dans une maison habitée étant un fait essentiel de son existence, ne peut être pris comme une circonstance aggravante du vol domestique. La Cour de cassation déclare en second lieu que la domesticité n'est une cause d'aggravation que lorsque le domestique commet lui-même la soustraction ou y participe d'une façon effective, d'où il résulte que celui qui n'a fait que recéler les choses volées à son maître, ne peut être soumis à la pénalité de l'article 386 (²).

§ 2. — *Des vols des aubergistes et hôteliers.*

La législation ancienne punissait les vols commis par les aubergistes et les hôteliers, de la même peine que le vol domestique. « L'usage est, en pareil cas, dit Muyart de Vouglans, de porter la peine jusqu'à celle des galères (³). » L'Assemblée constituante admit à ce sujet la disposition de la loi ancienne ; aussi, le paragraphe 2 de

(¹) Cass., 16 mai 1816.
(²) Cass., 15 avril 1818.
(³) *Lois crimin.*, p. 297.

l'article 15 de la section II du titre II du Code de 1791, porte : « Tout vol qui sera commis par les maîtres desdites maisons (hôtels garnis, auberges...) ou par leurs domestiques, envers ceux qu'ils y reçoivent, ou par ceux-ci, envers les maîtres desdites maisons, ou toute autre personne qui y est reçue, sera puni de huit années de fers. » L'article 2 de la loi du 25 frimaire an VIII, tout en maintenant la même peine contre les aubergistes et hôteliers, la modifia lorsque le vol était commis par toute autre personne dans l'hôtel ou l'auberge; la peine dans ce cas, était d'un an à quatre ans d'emprisonnement. Le Code pénal de 1810, prononçant dans tous les cas la réclusion, fit disparaître cette distinction, reproduite plus tard par la loi du 25 juin 1824. Enfin, la loi du 28 avril 1832 abolit définitivement la disposition de la loi de 1824, spéciale aux vols commis par des personnes autres que les hôteliers ou aubergistes, qui ne sont plus aujourd'hui que des vols simples; mais ceux commis par les aubergistes sont toujours punis de la réclusion.

L'application du paragraphe 4 de l'article 386 doit-elle être limitée aux personnes qui y sont formellement désignées, ou bien faut-il l'étendre à d'autres ayant une profession à peu près semblable, par exemple, aux maîtres de maisons garnies ? La Cour de Paris, ayant été appelée à se prononcer sur cette question, décida que la disposition de l'article 386 ne pouvait embrasser que les hôteliers et les aubergistes, et que toute extension était contraire à l'esprit de la loi (¹). Ce système fut à deux

(¹) Paris, 5 mars 1811.

reprises condamné par la Cour de cassation (¹), mais la Cour d'appel d'Orléans (²), et celle d'Amiens, devant lesquelles la question fut successivement renvoyée, ayant toujours consacré par leurs arrêts la décision première de la Cour de Paris, il intervint un avis du Conseil d'État qui possédait alors un droit d'interprétation légale de la loi, d'après lequel les logeurs ou loueurs de maisons garnies sont compris sous la dénomination générale d'hôteliers et d'aubergistes.

Si la loi punit plus sévèrement ces sortes de vols, c'est parce qu'elle a considéré qu'il y avait, dans l'espèce, un dépôt nécessaire qui augmentait la responsabilité de ces personnes; parce que le voyageur doit leur accorder une confiance nécessaire dont la trahison augmente la criminalité de la soustraction; parce qu'enfin ces objets étant plus exposés à être volés, devaient obtenir de la loi une protection plus efficace.

La Cour de cassation déclare formellement que les caractères du vol ne peuvent être modifiés par le fait que l'hôtelier n'habite pas dans l'hôtel où il a commis la soustraction au préjudice d'un voyageur. La confiance qu'il trahit est toujours la même, la responsabilité qu'il encourt ne peut varier (³). Peu importe le temps que le voyageur passe dans l'hôtellerie, n'y serait-il entré que pour se reposer, pour y prendre un repas, la nature du crime reste la même (⁴).

(¹) Cass., 4 avril 1811.
(²) Orléans, 31 mai 1811.
(³) Cass., 1er oct. 1812.
(⁴) Cass., 14 févr., 1812.

La Cour de cassation décide que les expressions générales du paragraphe 4 de l'article 386 comprennent même les hôtels et maisons où l'on est reçu moyennant un prix pour prendre repas, logement ou nourriture ; d'où il résulte que les cabaretiers, traiteurs et maîtres de cafés doivent être confondus dans la même assimilation (¹). Selon nous, cette extension imposée à la loi n'est pas conforme à son esprit, et surtout il est impossible de la justifier par des motifs semblables à ceux qui, dans les cas précités, nous ont servi de cause d'aggravation. Il est en effet certain que ces personnes ne sont pas comprises dans l'article 386, même implicitement ; si nous l'avons appliqué aux loueurs de maisons, c'est qu'il résulte des articles 73, 154 et 475, que le législateur emploie indifféremment les expressions : aubergistes, hôteliers, loueurs de maisons garnies, tandis que rien de semblable n'a lieu pour les cabaretiers, traiteurs, etc. De plus, les mêmes motifs d'aggravation n'existent pas dans les vols commis dans les cafés, cabarets ou restaurants, car rien n'oblige le consommateur à donner sa confiance aux maîtres de ces lieux ; et, d'ailleurs, les objets qu'il y apporte sont assez peu nombreux et importants pour qu'il puisse les surveiller et se passer d'une protection spéciale de la loi (²).

Pour que le vol soit puni de la réclusion, il faut que les choses déposées chez les aubergistes et hôteliers leur aient été confiées à ce titre, et il faut entendre ces dernières expressions dans ce sens que le dépôt des effets

(¹) Cass., 19 avril et 28 mai 1813.
(²) Gand, 13 décemb. 1860,

soit la conséquence de la profession qu'ils exercent et non qu'ils les reçoivent à titre de parents, de voisins ou à titre de services; dans ces cas, en effet, la confiance accordée est entièrement libre.

Si l'aubergiste s'approprie des objets laissés par un voyageur dans son auberge, il est encore punissable de la réclusion; car, tant que le propriétaire n'a pas retiré ses effets ou manifesté l'intention de les abandonner, ses obligations et sa responsabilité de dépositaire restent les mêmes. Nous remarquerons, enfin, que la peine ne doit pas changer, soit que les objets n'aient pas été déclarés à l'hôtelier, soient qu'ils aient été remis entre ses mains et directement confiés à sa garde; bien que dans ce dernier cas la remise volontaire faite par le voyageur exclue toute idée de vol, bien que le détournement constitue un abus de confiance.

§ 3. — *Des vols des voituriers et bateliers.*

Les articles 1783 du Code civil et 183 du Code de commerce, soumettent les voituriers par terre et par eau aux mêmes obligations que les aubergistes pour la garde et la conservation des choses qui leur sont confiées. Le Code pénal, dans le quatrième paragraphe de l'article 386, a consacré la même assimilation relativement aux vols commis par eux : ils seront donc soumis à la même cause d'aggravation, car la même confiance nécessaire résulte de leur profession. L'article 386 exige, comme condition, que la personne exerce habituellement la profession de voiturier ou de batelier. D'où il n'est

pas douteux que la même pénalité ne serait plus applicable à celui qui, pour rendre un service, aurait accepté,
sans recevoir aucune gratification, de transporter des
marchandises pour le compte d'un tiers. Il en serait
encore de même, lorsque la personne n'exerçant pas la
profession habituelle exigée par la loi, se serait chargée
d'un transport accidentel moyennant un salaire. Dans
ces deux cas, nous ne trouvons plus cette confiance qui
s'attache à la qualité de la personne, le choix du propriétaire a été entièrement libre, rien ne le forçait à
confier ces objets à des personnes qui n'étaient pas
dignes de la confiance qu'il leur a librement accordée.

Il faut, en second lieu, que les marchandises aient été
confiées aux voituriers pour un transport; mais sans
exiger qu'elles soient inscrites et déclarées : par le seul
fait qu'elles ont été placées avec leur consentement sur
leur voiture, elles sont, dès ce moment, sous leur surveillance, leur responsabilité est engagée. L'article 15
de la loi du 10 avril 1825, dans l'intérêt de la navigation
et du commerce maritime, déclare passibles des peines
de l'article 386, non-seulement les capitaines, patrons,
subrécargues, gens d'équipage, mais encore les simples
passagers qui seront reconnus coupables de vol à bord
de tout navire ou bâtiment de mer.

Si les vols des voituriers et bateliers ont eu lieu la
nuit, sur un chemin public, devront-ils subir l'aggravation qui, dans les cas ordinaires, résulte de ces circonstances. Nous croyons, avec M. Blanche (¹), qu'il faut

_____

(¹) *Étud. prat. sur le Cod. Pén.* — Cinq. étud., p. 743.

résoudre la question par une distinction : si le propriétaire accompagne le voiturier, sa sécurité étant compromise par la circonstance que le fait a eu lieu la nuit et sur un chemin public, le vol devient plus grave. Mais si le propriétaire n'est pas présent, le motif qui fait considérer ces circonstances comme une cause d'aggravation disparaît, et la nature du crime doit rester la même (¹).

SECTION II

Des vols qualifiés à raison du temps.

Les vols commis pendant la nuit présentent un caractère de gravité qui ne devait pas échapper à l'attention du législateur, et cela parce qu'ils portent une atteinte plus grave à la sécurité publique; parce qu'ils sont d'une exécution plus facile; parce qu'enfin ils dénotent de la part de l'agent une perversité plus grande. Le voleur protégé par le silence et l'obscurité de la nuit, exposé à des dangers moins grands d'être découvert et surpris dans l'accomplissement du vol pendant les heures habituellement consacrées au sommeil, deviendra nécessairement plus audacieux, il ne reculera devant aucun moyen d'exécuter son entreprise criminelle. Ainsi la victime sera exposée à des dangers plus grands par l'absence des moyens de défense qu'elle pourrait avoir pendant le jour.

Le Droit romain (²), aussi bien que notre législation

(¹) Cass., 18 mai 1843.
(²) L. 6. *Ad. leg. Jul. pécul.* Digeste.

ancienne (¹), considérait comme plus grave le vol commis pendant la nuit. Cependant, cette seule circonstance
ne suffit pas pour constituer une cause d'aggravation
de la peine : pour qu'elle produise ce résultat, il faut
qu'elle soit réunie à une ou plusieurs autres qui donnent
une plus grande force aux présomptions qui nous ont
servi à motiver la sévérité de la loi. Sans cela, il n'y a
qu'un délit punissable des peines correctionnelles de
l'article 401.

Le vol commis pendant la nuit entraîne : 1° la peine
d'un an à cinq ans d'emprisonnement s'il a eu pour
objet des récoltes ou autres produits du sol (art. 388,
§ 4); 2° celle de la réclusion, s'il est commis soit par
plusieurs personnes, soit dans une maison habitée, soit
dans un édifice consacré à l'un des cultes légalement
établis en France; 3° celle des travaux forcés à temps,
s'il est commis par plusieurs, s'il est accompagné de
violence et si le coupable est porteur d'armes apparentes
ou cachées (art. 385); enfin celle des travaux forcés à
perpétuité, lorsqu'à ces trois dernières circonstances,
vient se joindre la menace de faire usage de ces armes
(art. 381).

Que faut-il entendre par vol commis pendant la nuit?
Quelles limites légales donnerons-nous aux jours et aux
nuits? Le silence regrettable de la loi à ce sujet a donné
lieu à des controverses nombreuses entre les auteurs et
a occasionné même des décisions contradictoires dans
la jurisprudence. Suivant un premier système consacré

(¹) Muyart de Vouglans, *Lois crimin.*, p. 30.

par la Cour de cassation dans plusieurs arrêts, il faut entendre par nuit, d'après la signification vulgaire de ce mot, tout le temps qui s'écoule entre le coucher et le lever du soleil ([1]). Cette décision se fonde sur l'article 4 du titre III de la loi du 15 germinal an VI relatif à la contrainte par corps reproduit par l'article 781 du Code de procédure civile, qui défend d'arrêter les débiteurs avant le lever et après le coucher du soleil. Ainsi un arrêt du 29 octobre 1860, rendu à l'occasion d'une contravention de police de roulage porte que « le 19 juillet à trois heures cinquante minutes du matin, une demi-heure avant le lever du soleil, il était encore nuit ». On peut faire contre cette opinion des objections bien fondées : elle est contraire au texte de la loi dont les termes formels exigent que le vol ait eu lieu pendant la nuit. Or, il n'est pas possible de dire qu'il fait nuit dès que le soleil est couché, pas plus qu'il ne fait jour qu'au moment où le soleil paraît à l'horizon ; entre le coucher du soleil et la nuit, il existe le crépuscule du soir, comme entre le point du jour et le lever du soleil, il existe le crépuscule du matin, et ces premières et dernières clartés ne sont pas assurément la nuit. Ce système offre sans doute l'avantage de ne rien laisser à l'arbitraire, mais nous avons établi qu'il est formellement repoussé par la loi.

Suivant un deuxième système enseigné par la doctrine, il faut appliquer l'article 1037 du Code de procédure civile qui fixe le temps pendant lequel il est défendu de

---

([1]) Cass., 28 juillet 1813. — 11 Mars 1830.

faire aucune signification. Ainsi le vol de nuit sera celui qui, depuis le 1er octobre jusqu'au 31 mars, aura eu lieu entre six heures du soir et six heures du matin, et depuis le 1er avril jusqu'au 30 septembre, entre neuf heures du soir et quatre heures du matin (¹). On peut objecter contre ce système que des règles spéciales à la procédure civile ne doivent pas être étendues aux matières pénales. D'abord, elles reposent sur des motifs tout différents; l'une veut protéger au moyen d'une fiction la liberté et la tranquillité des citoyens, l'autre, prévoir l'influence d'une circonstance accessoire sur la nature du vol. De plus, si la loi pénale parle de la nuit, il est évident qu'elle considère le fait matériel, et qu'à ses yeux le vol commis, par exemple, le 5 avril à neuf heures du soir, est un vol qui a eu lieu pendant la nuit. Du reste, l'article 1037 du Code de procédure civile n'a pas pour but de fixer le temps que le législateur a considéré comme la nuit, même dans l'espèce qu'il prévoit; mais seulement de fixer certaines heures de la nuit pendant lesquelles il est défendu de faire des significations.

Il existe un troisième système qui ne mérite pas un examen sérieux, parce que, loin de préciser le sens du mot *nuit*, pour donner à la loi des limites certaines, il rend son application encore plus difficile et plus arbitraire. Suivant cette opinion, enseignée par M. Carnot, la fixation de l'étendue de la nuit dépendrait des coutumes où le vol a été commis; elle devrait commencer à l'heure où les habitants ont l'habitude de rentrer dans leur demeure

---

(¹) Conf. M. Bourguignon. *Jurisp. des C. crimin.*, t. I, p. 146.

pour s'y livrer au repos de la nuit ([1]). Ce système suppose un jour fictif qui peut être prolongé bien avant dans la nuit réelle; or, les termes mêmes dont le législateur s'est servi nous paraissent exclure toute fiction : ils supposent un fait naturel et rien ne nous autorise à leur refuser l'interprétation qui se présente le plus naturellement à l'esprit.

Nous repoussons donc les trois systèmes qui viennent d'être rapportés et après avoir dit, tout d'abord, qu'une règle fixe et invariable, ne peut être donnée à ce sujet, nous admettons comme règle générale devant, sauf exceptions, éclairer la décision du juge, que la nuit comprend tout le temps qui s'écoule entre le crépuscule du soir et celui du matin, tout en laissant au juge un certain pouvoir discrétionnaire de modifier sa décision suivant les circonstances exceptionnelles qui pourront se produire. Telle est l'opinion qui est la plus conforme au texte de la loi, en même temps qu'aux motifs qui font considérer la circonstance de la nuit comme une cause d'aggravation de la peine ([2]).

Section III

Des vols qualifiés à raison du lieu.

§ 1. — *Des vols dans les maisons habitées et leurs dépendances.*

Le fait seul que le vol a été commis dans une maison habitée ne peut constituer une cause d'aggravation de la

_____

([1]) *Com. du Cod. Pén.*, t. II, p. 265.
([2]) Nîmes, 7 mars 1829.

peine; même avec cette circonstance, il reste soumis à la pénalité générale de l'article 401. Mais lorsque d'autres circonstances venant en concours avec elle, telles que l'effraction, l'escalade, l'emploi de fausses clefs, élèveront la perversité de l'agent à un degré suffisant, la peine encourue sera plus rigoureuse. On peut même dire que la maison habitée sert à la production des circonstances aggravantes d'une autre espèce, qu'elle leur permet de changer la nature du vol. Ainsi le vol commis dans un des lieux prévus par l'article 390 sera puni des travaux forcés à temps, s'il a eu lieu par un des moyens prévus par le n° 4 de l'article 381 (art. 384). Il sera puni de la réclusion, s'il a eu lieu la nuit ou en réunion de plusieurs personnes (art. 386, n° 1). En consacrant cette cause d'aggravation, le législateur a eu en vue de garantir la sécurité des foyers, en réprimant par des peines sévères des vols qui révèlent chez l'agent une audace et une perversité plus grande. L'article 390 est ainsi conçu : « est réputé *maison habitée*, tout bâtiment, logement, loge, cabane, même mobile, qui, sans être actuellement habité, est destiné à l'habitation et tout ce qui en dépend comme cours, basses-cours, granges, écuries, édifices qui y sont enfermés, quel qu'en soit l'usage et quand même ils auraient une clôture particulière dans la clôture ou enceinte générale ». Cet article se contente d'indiquer les constructions et leurs dépendances qui doivent être assimilées aux maisons habitées, mais il ne nous dit pas ce qu'il faut entendre par là. En principe, il faut entendre par maison habitée, toute construction qui sert à loger habituellement une ou plusieurs personnes,

quelle que soit la destination principale qui lui ait été donnée. Ainsi, un étable destinée à loger des troupeaux, et dans
laquelle couche habituellement une personne chargée de
les surveiller, est considérée comme maison habitée. C'est
donc le seul fait de l'habitation, et non la nature et la
dénomination de la construction, qui sert à fixer l'étendue
des expressions génériques de la loi (¹). Il importe peu
que la maison soit habitée par la personne qui a été
victime du vol ou par toute autre, dans tous les cas, les
motifs d'aggravation sont les mêmes, et la nature du vol
ne peut varier (²). La Cour de cassation décide encore
suivant les mêmes motifs : « que l'article 386, qui pose la
circonstance aggravante de la maison habitée, ne distingue pas le cas où cette maison serait habitée par le
voleur, et celui où elle serait habitée par la personne
volée (³) ».

L'article 390 assimile à la maison habitée tout bâtiment, logement, loge, cabane même mobile qui, sans
être actuellement habitée, est destinée à l'habitation.
Ainsi, le fait même de l'habitation ne produit aucun
effet ; il suffit que la construction ait été élevée et dis-
posée dans le but de loger des personnes, sans rechercher
si elle était ou non habitée au moment de la soustraction.
Il serait même conforme à l'esprit de la loi de considérer
comme un bâtiment destiné à l'habitation, une maison
dont les constructions sont avancées sans être tout à

(¹) Cass., 24 juin 1813.
(²) Cass., 10 août 1836.
(³) Cass., 10 décembre 1836. — 30 septembre 1869

fait terminées (¹). Toujours, d'après les mêmes motifs, il faut assimiler à la maison habitée : 1° les bateaux qui sont destinés à loger une ou plusieurs personnes (²); 2° une maison de campagne qui ne serait habitée que pendant une faible partie de l'année. Mais il faudrait appliquer une décision contraire : 1° aux voitures publiques, car elles ne sont « ni un bâtiment, ni un logement, ni une loge ou cabane; que le but de l'article 390 est de protéger l'habitation et qu'il n'y a aucune assimilation légale entre un tel lieu et une diligence (³) »; 2° aux édifices publics, tels que les théâtres, bourses de commerce, facultés de droit, à moins qu'ils ne renferment le logement d'un gardien qui peut leur donner ce caractère.

L'article 390 considère encore comme maison habitée, toutes les dépendances d'un bâtiment, telles que cours, basses-cours, granges, écuries, édifices qui y sont enfermés, quel qu'en soit l'usage, et quand même ils auraient une clôture particulière dans l'enceinte générale. L'énumération donnée par cet article n'est pas assurément limitative; il résulte du terme de comparaison dont il se sert, qu'il entend prévoir d'abord une assimilation générale s'appliquant à toutes dépendances de maisons habitées, et indiquer ensuite certains cas à titre d'exemples. Pour qu'un lieu offre ce caractère, il ne suffit donc pas qu'il soit attenant à une construction sans qu'il existe entre eux une corrélation, que l'un soit le complé-

(¹) Paris, 19 décemb. 1861.
(²) Cass., 8 octob. 1812.
(³) Cass., 7 septemb. 1827.

ment de l'autre (¹); il ne suffit même pas qu'il soit établi pour l'usage et l'utilité d'une construction principale; mais il faut encore qu'il soit enfermé dans la même clôture; ainsi, une écurie, une basse-cour, peut dépendre d'une maison habitée, sans être comprise dans la même enceinte, sans que l'article 390 soit applicable (²).

Par ces mots : *édifices qui y sont renfermés quel qu'en soit l'usage, quand même...* il faut entendre des constructions quelconques, qui seraient comprises dans des cours, basses-cours, dépendant d'une maison habitée. La Cour de cassation a décidé avec raison qu'un jardin, quelle que soit son étendue pourvu qu'il soit attenant à la maison et enfermé dans la même clôture, devait être considéré comme une dépendance de cette maison. « Les énonciations portées dans l'article 390, dit la Cour,- pour déterminer ce qui doit être regardé comme dépendance d'une maison habitée, ne sont point restrictives; elles sont évidemment démonstratives. Le mot *comme* qui précède ces énonciations en exclut nécessairement tout sens limitatif : un jardin tenant à une maison habitée, en est tout aussi bien une dépendance, que la cour ou la basse-cour de cette maison, qu'il est comme elle dans son enceinte générale (³). » On pourrait objecter contre cette décision que les jardins, même avec les conditions requises par la loi, seront souvent d'une étendue considérable et que son application recevra des limites trop étendues. Mais, si telle est la nature

(¹) Cass., 25 mai, 1848.
(²) Cass., 30 mai 1812.
(³) Cas., 18 juin 1812.

de ce lieu, comment peut-elle être, modifiée par sa plus ou moins grande étendue? Le législateur a voulu protéger la demeure des citoyens et tout ce qui en est le complément utile et nécessaire; or, il est évident qu'un jardin possède une corrélation avec l'habitation dont il augmente l'utilité et l'agrément, que le maître a un grand intérêt à ce qu'il soit entouré de sûretés comme sa maison elle-même. Mais, il faut d'abord que le jardin soit attenant à l'habitation et, de plus, entouré d'une clôture; un terrain vague qui entourerait une construction n'aurait pas droit à la même protection de la loi.

L'article 391 nous dit ce qu'il faut entendre par ces mots *parc* et *enclos* : « est réputé *parc* ou *enclos* tout terrain environné de fossés, de pieux, de claies, de planches, de haies vives ou sèches, ou de murs de quelques matériaux qu'ils soient; quelles que soient la hauteur, la vétusté, la dégradation de ces diverses clôtures, quand il n'y aurait pas de porte fermant à clef ou autrement, et quand la porte serait à claire-voie et ouverte habituellement. » Comme nous l'avons observé pour la maison habitée, le seul fait que la perpétration a eu lieu dans un parc ou enclos, n'est pas une cause d'aggravation de la peine; il peut seulement servir à la production d'autres circonstances réputées aggravantes par la loi, telles que l'effraction et l'escalade. Les parcs ou enclos peuvent être ou ne pas être des dépendances de maisons habitées, suivant qu'ils sont attenants et compris dans la même enceinte, ou renfermés dans une clôture séparée.

L'article 392 renferme une double disposition : il

nous apprend d'abord que les parcs mobiles, destinés à contenir du bétail à la campagne, sont réputés enclos; ensuite qu'il faut les considérer comme dépendances de maisons habitées, lorsqu'ils tiennent aux cabanes mobiles et autres abris destinés aux gardiens.

§ 2. — *Des vols dans les édifices publics.*

D'après les articles 12 et 13 de la section ii du titre II du Code de 1791, les vols commis dans une maison habitée étaient punis de huit années de fers; ceux qui avaient été commis dans des salles de spectacle, boutiques, édifices publics, étaient soumis à une peine moitié moindre. Sous le Code de 1810, ces sortes de vols étaient punis comme vols simples, le lieu d'exécution ne pouvant changer les caractères de la soustraction que lorsqu'il était habité ou destiné à l'habitation. Même à cette époque, la Cour de cassation refusa de ne pas voir dans ce fait une cause d'aggravation, aussi décida-t-elle que les vols dans les églises, révélant une perversité plus grande chez l'agent devaient encourir une peine plus rigoureuse (¹). La loi du 25 avril 1825 assimila les églises aux maisons habitées, et cette assimilation, abolie par la loi du 11 octobre 1830, a été rétablie par celle de 1832. Aujourd'hui, bien que les édifices publics ne soient pas, en principe, assimilés aux maisons habitées, l'article 386 consacre une exception en faveur de ceux consacrés aux cultes légalement établis. Mais il faut encore observer, comme dans les cas précédents, que ce fait ne

(¹) Cass., 29 décembre 1821.

constitue pas, à lui seul, une circonstance aggravante ; il faut pour qu'il soit punissable de la réclusion, qu'il ait eu lieu soit la nuit, soit par plusieurs personnes. De plus, cette assimilation n'est pas absolue et générale, son caractère exceptionnel ne permet pas de l'étendre aux dispositions dans lesquelles elle n'est pas formellement prévue ; il faudra donc l'admettre dans les articles 385 et 386, mais lui refuser tout effet dans les articles 381 et 384. Le législateur n'a voulu accorder la protection de la loi qu'aux édifices publiquement consacrés à un culte reconnu ; elle ne pourra donc s'étendre aux chapelles particulières.

Parmi les crimes et délits, non plus contre la propriété, mais contre la paix publique, l'article 385 prévoit et punit de la réclusion ou des travaux forcés à temps les vols de pièces ou de procédures criminelles ou d'autres papiers contenus dans les archives, greffes ou dépôts publics, ou remis à un dépositaire public en cette qualité. La peine varie suivant que la soustraction a été commise par un étranger ou par le dépositaire lui-même.

§ 3. — *Des vols sur les chemins publics.*

Les vols sur les chemins publics portent une atteinte grave à la sécurité publique, ils exposent non-seulement la fortune, mais encore la personne des voyageurs à des dangers fréquents ; aussi, il importe de les réprimer par des peines rigoureuses. Suivant ces motifs, la loi romaine prononçait la peine des mines ou de la relégation contre les voleurs de grands chemins ; elle les punissait même

de mort s'ils avaient fait usage de leurs armes (¹). Notre
législation ancienne prononçait contre le coupable le
supplice de la roue (²); cependant, la jurisprudence de
cette époque limitait l'application de ce châtiment barbare au cas où le vol avait été accompagné de meurtre
ou de blessure (³). Le code de 1791 punissait de qua-
torze années de fers ceux qui volaient sur un chemin
public à force ouverte et par violence envers les personnes;
là peine était augmentée de quatre années si le vol avait
eu lieu la nuit, en réunion de plusieurs personnes, avec
l'emploi de certaines armes.

L'article 383 du code de 1810 punissait des travaux
forcés à perpétuité indistinctement toute espèce de vols
commis sur un chemin public, quand même son exécution n'était accompagnée d'aucune autre circonstance.
Cette rigueur excessive fut modifiée par la loi du
25 juin 1824, dont l'article 7 donna aux tribunaux la
faculté de n'appliquer que la peine des travaux forcés à
temps ou celle de la réclusion, quand ce vol serait commis
sans aucune des circonstances prévues par l'article 381.
Mais la sévérité de l'ancien article 383 fut maintenue à
l'égard des mendiants, vagabonds, et de ceux qui avaient
déjà subi une peine afflictive et infamante ou même un
emprisonnement correctionnel de plus de six mois. Cette
loi laissait encore vivre une lacune dans le Code pénal :
on pouvait encore lui reprocher de soumettre à la même
peine tous les vols sur les chemins publics sans établir

(¹) L. 28, § 15, *de Pœnis*, Digeste.
(²) Muyart de Vouglans, *Lois crimin.*, p. 304.
(³) Jousse, t. IV, p. 215. *Just. crimin.*

une distinction entre ceux accompagnés d'une seule et ceux accompagnés de plusieurs circonstances aggravantes; cependant, une pénalité bien ordonnée doit s'aggraver à mesure que la criminalité de l'acte augmente. Cette graduation nécessaire fut introduite par la loi du 28 avril 1832. Ainsi, sous la législation actuelle, le vol sur un chemin public est punissable : 1° de la réclusion en l'absence de toute autre circonstance aggravante; 2° des travaux forcés à temps, s'il est suivi d'une seule des circonstances de l'article 381; 3° des travaux forcés à perpétuité s'il est accompagné d'une ou de plusieurs des circonstances prévues par le même article. La loi de 1832 a supprimé la restriction de celle de 1824 relative aux mendiants, vagabonds et prévenus antérieurement condamnés. Ces réformes utiles apportées dans la loi pénale, ne la mettent cependant pas à l'abri de toute critique. On peut, en effet, lui reprocher de confondre dans la même assimilation les vols commis avec deux seulement des circonstances de l'article 381, et ceux qui sont accompagnés des cinq circonstances du même article.

L'article 382 étant général et absolu dans ses termes, nous devons en tirer les conséquences suivantes : 1° il est d'abord applicable à toute espèce de vols, quel que soit le mode d'exécution employé, tel que l'adresse et la supercherie ([1]); 2° le crime restera le même, quelle que soit la valeur de l'objet volé ([2]); 3° enfin la nature du

---

([1]) Cass., 20 mars 1828.
([2]) Cass., 20 novemb. 1812.

crime ne peut être modifiée, que le vol ait eu lieu sur la personne même du voyageur, ou hors de sa présence, sur des effets placés dans une voiture publique. La Cour de cassation motive ainsi cette dernière conséquence : « l'article 383 du Code pénal a voulu, par l'application de cette peine sévère, pourvoir non-seulement à la sûreté des voyageurs, mais encore à celle des effets et propriétés dont les voyageurs sont les porteurs ou les conducteurs ; qu'ainsi, ledit article doit s'appliquer non-seulement aux vols commis dans les chemins publics sur la personne même du voyageur, mais aussi aux vols d'effets et propriétés qui se trouvent sur les chemins publics, en transport, ou à la suite d'un transport (¹). »

Il faut entendre par chemin public toute voie de communication servant à l'usage habituel du public, soit qu'elle appartienne à l'État, soit aux départements, soit aux communes, soit enfin qu'elle soit tracée sur un fonds privé (²). Quelle que soit en effet la dénomination que doive recevoir le chemin, dès qu'il présente un caractère de publicité, nous nous trouvons en présence des motifs qui entraînent l'aggravation de la peine. D'où il faut conclure que l'article 383 ne peut s'appliquer aux vols commis dans les rues d'une ville, seraient-elles même le prolongement d'un chemin public. Ici, en effet, plus d'isolement ; plus de danger exceptionnel pour la personne et la propriété du voyageur ; plus enfin la même facilité dans l'accomplissement du vol (³).

(¹) Cass., 23 avril 1812. — 13 décembre 1832.
(²) Cass. 28 février 1824.
(³) Cass., 7 avril 1865.

Les rivières et canaux ne peuvent être assimilés aux chemins publics, car l'article 383 est spécial aux voies de communications par terre, et on ne peut suppléer au silence absolu qu'il garde sur les voies de communication par eau, qui, du reste, n'offrent pas les mêmes facilités dans les vols. La Cour de Dijon a décidé que les chemins de fer ne doivent pas être assimilés aux chemins publics, parce que « les chemins de fer, bien que publics, en ce sens que chacun a le droit de s'y faire admettre, ne sont point cependant livrés au libre parcours de tout chacun, sont au contraire soumis à des clôtures et à une surveillance régulière ([1]). »

SECTION II
Des vols qualifiés à raison des circonstances de leur exécution.

§ 1. — *Des vols commis par plusieurs personnes.*

Lorsque plusieurs personnes se réunissent pour commettre un vol, ce fait révèle d'abord chez les auteurs une intention préméditée résultant des moyens sur lesquels ils se sont concertés et qu'ils ont choisi d'avance pour mettre à exécution leur projet criminel. De plus, il fait présumer l'intention d'employer la violence, car c'est lorsque l'usage de la force sera nécessaire, que ce moyen offrira les plus grands avantages. Ce mode d'exécution révèle donc, d'une part, un degré de perversité plus élevé chez les agents, de l'autre, il expose la victime

([1]) Dijon, 29 avril 1859.

à des dangers personnels, et rend la soustraction plus
facile à commettre et plus difficile à empêcher ou à découvrir. Le concours de plusieurs personnes doit donc,
suivant ces motifs, être considéré comme donnant au
vol un caractère de gravité nécessitant une répression
plus énergique. Cependant, cette circonstance, prise séparément, ne suffit pas à elle seule pour constituer une
cause d'aggravation, et le vol qui serait seulement commis
par plusieurs personnes ne serait qu'un vol simple punissable des peines correctionnelles de l'article 401. Mais
il devient punissable : 1° des travaux forcés à perpétuité,
s'il est accompagné des quatre autres circonstances de
l'article 401; il suffit même d'une seule, s'il a eu lieu sur
un chemin public (art. 383); 2° des travaux forcés à
temps lorsqu'il a été commis, soit la nuit et avec port
d'armes apparentes ou cachées; soit dans une maison
habitée avec port d'armes (art. 385); soit sur un chemin
public (art. 383); soit à l'aide de violences (art. 382);
3° de la réclusion, s'il a eu lieu soit la nuit, soit dans une
maison habitée, ou un édifice consacré au culte. Enfin,
nous avons déjà vu que cette circonstance est une cause
d'aggravation des peines correctionnelles dans les vols
de récoltes détachées du sol (art. 388, §§ 4 et 5).

La loi exige que le vol ait été commis par deux ou plusieurs personnes; d'où il résulte qu'il faut une coopération effective de la part de tous les agents au fait principal,
et que la simple complicité ne pourrait entraîner un
résultat semblable. Il faut considérer comme ayant coopéré à l'exécution, non-seulement ceux qui auraient pris
une part directe et effective à l'enlèvement de la chose;

mais encore ceux qui, par leur présence, en accomplissant certains actes qui ne peuvent se confondre avec la soustraction elle-même, se sont proposés d'en permettre ou faciliter l'exécution. La Cour de cassation décide à ce sujet « qu'un vol commis dans une maison par un individu, tandis qu'un autre fait la garde au dehors de cette maison, est évidemment un vol commis par deux personnes, puisque dans ce cas les deux individus coopèrent au fait même du vol (¹). » Si le voleur n'a eu que des complices, il n'y a plus la même présomption de violence, le même danger pour la victime, la même facilité dans l'exécution.

§ 2. — *Des vols avec effraction.*

Aux termes de l'article 393 « est qualifié *effraction*, tout forcement, rupture, dégradation, démolition, enlèvement de murs, toits, planches, portes, fenêtres, serrures, cadenas ou autres ustensiles ou instruments servant à fermer ou à empêcher le passage, et de toute espèce de clôture quelle qu'elle soit. » Pour que l'effraction offre les caractères exigés par la loi, pour qu'elle serve de cause d'aggravation, deux conditions sont nécessaires et résultent de la définition même qu'elle nous donne. Il faut d'abord qu'elle consiste dans des moyens violents, tels que forcement, rupture, dégradation, employés pour pénétrer dans une habitation, et de plus, qu'ils ne soient pas ceux employés habituellement pour arriver à ce résultat. Il faut, en second lieu, que l'objet du forcement,

(¹) Cass., 9 avril 1813.

de la rupture, soit destiné à fermer ou empêcher le passage, et qu'il s'oppose ainsi à la soustraction. D'après la première de ces deux règles, celui qui serait arrivé à se procurer une clef servant habituellement à ouvrir la porte d'une maison et s'en servirait pour y pénétrer, ne commettrait pas une effraction. La Cour de cassation, appelée à se prononcer sur un cas semblable, a décidé « que l'enlèvement d'instruments servant à fermer ou à empêcher le passage d'une clôture, ne peut, dans le sens de l'article 393, être qualifié d'effraction, qu'autant que ledit enlèvement procure au voleur un moyen d'ouverture ou de passage, différent de celui dont se sert la personne volée elle-même ([1]). » La deuxième condition ne serait pas remplie, si l'objet fracturé servait plutôt à conserver la chose, à en empêcher la dégradation, qu'à la renfermer pour la protéger contre un enlèvement; ainsi, la rupture des cordes fixant un ballot sur une voiture ([2]); le fait de creuser la terre pour découvrir un objet qui y serait caché ([3]), n'offrirait pas les caractères de l'effraction définie par l'article 393.

L'article 394 distingue deux espèces d'effractions qui sont ensuite définies par les deux articles suivants : « Les effractions sont extérieures ou intérieures; les effractions extérieures sont celles à l'aide desquelles on peut s'introduire dans les maisons, cours, basse-cours, enclos ou dépendances, ou dans les appartements ou logements particuliers; les effractions intérieures sont celles qui,

([1]) Cass., 18 juin 1812.
([2]) Cass., 25 Février 1803.
([3]) Cass., 17 novemb. 1814.

après l'introduction mentionnée en l'article précédent, sont faites aux portes ou clôtures du dedans, ainsi qu'aux armoires et autres meubles fermés. » Il est nécessaire que l'effraction ait été commise dans un des lieux énumérés par la loi ; cela résulte des articles 381 § 4, 384 et 395 qui, tous, désignent le lieu d'exécution où elle aura pour effet de modifier la nature du vol. Ainsi, le vol d'un bateau ne pourra être aggravé par le fait que le voleur a brisé la chaîne qui le retenait près du rivage (¹). De même, la rupture d'une boîte fermée, placée sur une voiture laissée sur la place publique, ne constitue une effraction ni intérieure, ni extérieure (²). Les questions posées au jury, ainsi que la délaration qui servira de base à la condamnation, devront contenir explicitement que l'effraction a été commise, soit dans une maison habitée ou ses dépendances, soit dans un parc ou enclos.

Si la loi exige que l'effraction intérieure ou extérieure ait été commise dans un lieu habité ou servant à l'habitation, c'est que de ces cas seulement les présomptions sur lesquelles elle se fonde pour aggraver la peine, ont une force suffisante. Alors seulement le voleur fera preuve d'une audace et d'une perversité plus grande, et portera une atteinte plus directe au repos et à la sûreté personnelle des citoyens, en pénétrant dans leur demeure par des moyens violents, en brisant les obstacles qui étaient destinés à leur assurer la conservation de leurs biens.

(¹) Cass., 26 mars 1835.
(²) Cass., 19 janv. 1816.

Pour fixer les caractères de l'effraction, il importe de donner une solution à la question suivante : faut-il qu'elle ait été suivie d'une introduction dans un des lieux désignés, ou tout au moins que le voleur ait agi dans l'intention de se procurer une entrée; faut-il, en d'autres termes, qu'elle constitue un acte séparé par le lieu et par le temps de la perpétration du vol? Suffit-il, au contraire, qu'elle ait eu lieu sans rechercher si cette introduction qui pouvait en être la conséquence a existé soit en fait, soit dans l'intention de l'agent? Il faut admettre que l'introduction dans une maison habitée, considérée comme conséquence de l'effraction, ne peut en rien modifier sa nature; peu importe qu'elle constitue, avec le vol lui-même, un acte simultané avec lequel elle puisse se confondre. Il suffit que le forcement ou la rupture de l'objet servant de clôture permette de s'introduire dans un lieu habité, quand même l'auteur de l'effraction n'aurait pas profité de cette entrée et n'aurait même pas agi dans ce but. Suivant cette règle, la Cour de cassation a jugé qu'il y avait vol avec effraction dans le cas où le voleur enlèverait des tuyaux de plomb encaissés dans un mur (¹). Elle décide encore que l'enlèvement : 1° des barres de fer qui ferment le soupirail d'une cave en brisant ou arrachant les pierres où elles sont fixées (²); 2° du plomb d'une fenêtre, en brisant les châssis et vitres (³), doit être puni comme vol avec effraction. Bien que la généralité des termes employés

(¹) Cass., 3 août 1811.
(²) Cass., 21 mai 1813.
(³) Cass., 16 avril 1813.

dans les arrêts rendus dans ces diverses hypothèses, paraisse exclusive de toute restriction, nous ne croyons pas que toute effraction puisse devenir une circonstance aggravante, et nous exigeons que la rupture ou démolition d'où elle résulte soit suffisante pour donner entrée dans une maison habitée ou ses dépendances. L'article 395 définit en effet l'effraction extérieure : *celle à l'aide de laquelle on peut s'introduire.....*, et reconnaît ainsi implicitement que s'il n'est pas nécessaire que l'effraction ait été suivie d'introduction et qu'elle ait été faite dans le but de fournir une entrée; il faut au moins qu'elle soit possible. Sans cela, on arriverait à prononcer des peines d'une rigueur excessive dans des cas où le délit n'offrirait aucun caractère de gravité, tel que l'enlèvement d'une seule tuile sur le toit d'une maison. Enfin, cette restriction est conforme à l'esprit de la loi : si elle considère l'effraction comme une cause d'aggravation, c'est parce qu'il en résulte un danger pour la personne et les biens des habitants; il faut donc encore, à ce point de vue, que l'introduction soit possible, soit pour le voleur lui-même, soit pour toute autre personne.

Une effraction peut être extérieure bien qu'elle ait été pratiquée du dedans d'une maison : celui qui, après avoir pénétré par un autre moyen dans une habitation, briserait une porte ou une fenêtre pour donner accès à ses complices, se rendrait coupable d'effraction extérieure. Mais faudra-t-il décider qu'elle constitue une circonstance aggravante, d'après l'article 393, lorsque le voleur, après avoir soustrait la chose, brise une fenêtre ou une clôture pour s'échapper lorsqu'il est surpris en flagrant délit. Merlin, enseigne l'affirmative : suivant lui, le vol ne consiste pas seulement dans l'appréhension manuelle de la chose, mais encore dans le fait de l'enlever du lieu où elle avait été placée, pour la transporter dans un autre et s'en assurer ainsi la possession; il est donc possible d'affirmer que, même dans ce cas, l'effraction a servi à l'accomplissement du vol, dont il devient une circonstance aggravante (¹). Cette opinion nous semble mal fondée : elle nous paraît faire une confusion entre l'acte principal et les faits accessoires de la soustraction. Il est bien vrai que le vol consiste dans l'enlèvement et le déplacement de la chose du lieu où elle se trouvait; mais, dès qu'elle a été ainsi enlevée et déplacée, le vol est consommé, sans qu'un transport dans un autre lieu soit nécessaire; sans cela, il faudrait aller jusqu'à dire que celui qui est pris en flagrant délit, dans le lieu même où il a volé, ne commet pas un vol dont tous les éléments sont réunis, ce qui est évidemment inexact. Lors donc que l'agent a recours à une effraction pour s'échapper, ou même pour transporter l'objet volé dans un lieu qui doit lui en assurer la paisible jouissance, il commet un acte accessoire, séparé et indépendant du fait principal, du vol lui-même qui est déjà consommé. On peut encore ajouter que les mêmes motifs d'aggravation ne se rencontrent pas dans l'espèce; on ne peut reprocher à l'auteur d'avoir agi avec préméditation, on ne peut présumer chez lui l'in-

---

(¹) Conf. *Répert.* V°, vol. sect. 2, art. 4, § 3.

tention d'avoir recours à des mesures violentes contre
les personnes.

La définition que donne l'article 396 de l'effraction intérieure suppose une introduction préalable de la part du
voleur dans une maison habitée, parc ou enclos; telle est,
en effet, la condition essentielle de son existence, comme
nous l'avons déjà observé pour l'effraction extérieure (¹).
Il faut entendre : 1° par *portes et fenêtres du dedans*, celles
qui, se trouvant dans l'intérieur de l'habitation, s'opposent à l'entrée du voleur dans telle ou telle partie de la
maison; 2° par *meubles fermés*, ceux qui, renfermant les
objets, s'opposent à leur enlèvement sans le secours
d'une rupture ou d'un forcement. Cette circonstance
viendrait-elle aggraver le vol, si le voleur, après avoir
brisé un meuble qu'il croyait renfermer l'objet dont il
voulait s'emparer, le trouvait dans un autre non fermé?
Contrairement à la doctrine de la Cour de cassation,
nous ne pouvons admettre qu'il y ait, dans ce cas, vol
avec effraction, puisque la rupture du meuble n'a pas
servi à l'accomplissement du vol, et que l'effraction ne
peut produire ses effets qu'à cette condition. Du reste,
cette question n'offre pas d'intérêt pratique, puisque le
fait que nous examinons sera au moins une tentative
de vol avec effraction, punie comme s'il avait été consommé.

Dans le deuxième paragraphe de l'article 396, le législateur assimile aux effractions intérieures le seul enlèvement de caisses, boîtes, ballots sous toile et corde et

(¹) Cass., 5 janvier 1858.

autres meubles fermés, qui contiennent des effets quelconques, bien que l'effraction n'ait pas été faite sur le
lieu. Il faut encore que l'enlèvement ait été opéré dans
un des lieux mentionnés dans l'article 395; il faut une
introduction préalable dans une maison, parc ou enclos.
De plus, le meuble renfermant l'objet volé doit être
fermé de façon à nécessiter la rupture ou le forcement.
Mais la loi n'exige pas que l'effraction du meuble enlevé
ait été faite par le prévenu dans le lieu même où il était
placé; peu importe donc qu'elle ait eu lieu dans un
temps plus ou moins éloigné de l'enlèvement. Cette affirmation est imposée par les termes de l'article 396 § 2;
il assimile en effet, à l'effraction, le simple enlèvement
de caisses, ballots, etc., quand même la rupture ou le
forcement *n'aurait pas été fait sur le lieu*. Bien que la loi
suppose que l'effraction doit être faite quelque part, la
Cour de cassation (¹), rejetant cette condition nécessaire,
décide, dans plusieurs arrêts, que lors même que l'effraction n'aurait pas eu lieu, le seul fait de l'enlèvement
constitue une circonstance équivalente à celle prévue par
le premier alinéa de l'article 396.

La loi romaine appliquait au vol une pénalité différente, suivant qu'il avait été commis la nuit ou le jour:
dans le premier cas, le coupable était battu de verges et
condamné au travail perpétuel des mines; dans le second,
la condamnation aux mines n'était plus que tempo-
raire (²). Sous l'ancienne jurisprudence, d'après l'édit

(¹) Cass., 14 décemb. 1839. — 15 décemb. 1853.
(²) L. 2, *de effract.* Digeste.

de 1534, sous François Ier, ces sortes de vols étaient punis du supplice de la roue. Sous la législation actuelle, l'effraction ne constitue pas à elle seule une cause d'aggravation; il faut donc que le vol soit accompagné d'autres circonstances. Il devient punissable : 1° des travaux forcés à temps, s'il a été commis dans une maison habitée, parc ou enclos (art. 384); 2° des travaux forcés à perpétuité, s'il est suivi des circonstances aggravantes de l'article 381.

§ 3. — *Des vols avec escalade.*

L'article 397 définit l'escalade : « toute entrée dans les maisons, bâtiments, cours, basses-cours, édifices quelconques, jardins, parcs et enclos, exécutée par-dessus les murs, portes, toitures ou toute autre clôture ». Les motifs qui ont déterminé le législateur à considérer l'effraction comme une circonstance donnant au vol un caractère plus grave, doivent être rappelés pour légitimer l'aggravation de la peine dans le vol avec escalade. Ce mode d'exécution ne sera susceptible de modifier la nature du vol qu'autant qu'il remplira les deux conditions suivantes. Il faut d'abord que l'escalade ait été pratiquée dans le but de procurer une introduction dans un des lieux désignés par l'article 397, et que l'entrée dans ces lieux ait suivi cet acte préparatoire de l'exécution du vol. D'elà il faut conclure qu'une escalade intérieure, qui aurait eu pour résultat de permettre un accès dans telle ou telle partie d'une maison où le voleur aurait déjà pénétré sans recourir à ce moyen, ne pourrait constituer une circonstance aggravante. A plus forte raison, le seul fait de placer une échelle contre un mur pour enlever un objet qui serait placé à l'extérieur, ne serait pas considéré comme un vol avec escalade (¹). Il faut, comme deuxième condition, que l'introduction soit procurée par l'escalade dans un des lieux fixés par l'article 397 ; d'où cette conséquence, que la déclaration du jury doit contenir l'indication formelle du lieu où l'escalade a été pratiquée. Telle n'est cependant pas l'avis de la Cour de cassation, qui décide à ce sujet : « que pour qu'il y ait escalade, il n'est pas nécessaire que le fait ainsi spécifié ait lieu dans une maison habitée ou dans une dépendance de maison habitée ; que, d'après la définition de l'article 397, le fait de l'escalade emporte nécessairement l'introduction dans un lieu clos, en franchissant les clôtures (²) ». Ainsi, l'idée d'escalade ne peut se concevoir sans cette autre idée qui en est la conséquence nécessaire, d'une entrée dans un lieu fermé. Cela nous paraît inadmissible ; car il est possible de supposer que le voleur pénètre dans un champ, après avoir franchi un mur ou une haie n'entourant qu'une partie (³).

La loi exige que l'escalade consiste dans un moyen d'introduction extraordinaire, puisque le voleur doit avoir pénétré en passant *par-dessus la clôture* qui entourait le lieu où le vol a été commis. Ainsi, le voleur qui serait entré dans un parc ou enclos en passant par une ouverture qu'on aurait eu l'imprudence de laisser ouverte, ou encore sur la glace du ruisseau qui l'entoure, ne pour-

(¹) Cass., 11 avril 1856. — 4 avril 1858.
(²) Cass., 26 1856.
(³) Conf. Chauveau et Faustin Hélie. t. V, p. 253.

rait être déclaré coupable de vol avec escalade. Mais elle exerce la même influence sur la nature du vol, quel que soit le moyen employé pour son exécution. Peu importe donc que le voleur se soit servi d'une échelle ou de tout autre instrument, ou encore que l'obstacle franchi s'opposât d'une façon plus ou moins sérieuse à l'accomplissement du vol ; sans aucun doute le simple fait d'avoir enjambé une fenêtre ou une haie peu élevée au-dessus de terre, constitue une escalade véritable.

Le deuxième paragraphe de l'article 397 considère comme une circonstance de même gravité que l'escalade, l'entrée par une ouverture souterraine, autre que celle établie pour servir d'entrée habituelle ; telle serait le conduit d'un égout.

L'escalade et l'entrée par une voie souterraine sont soumises aux mêmes règles que l'effraction, au point de vue de l'aggravation de la peine ; ces circonstances sont en effet confondues dans les dispositions des articles 381, 382, 383, 384 du Code pénal.

§ 4. — *Des vols avec fausses clefs.*

Il faut entendre par *fausses clefs*, d'après l'article 398, « tous crochets, rossignols, passe-partout, clefs imitées, contrefaites, altérées ou qui n'ont pas été destinées par le propriétaire, locataire, aubergiste ou logeur, aux serrures, cadenas ou autres fermetures quelconques, auxquelles le coupable les aura employées. » Ainsi, il n'est pas nécessaire que le voleur ait fait usage de clefs contrefaites ou altérées, il suffit qu'il ait employé des clefs véritables pour ouvrir des serrures pour lesquelles elles n'avaient pas été fabriquées et qu'elles n'ouvraient pas habituellement. « Détourner une clef de sa destination, dit le tribun Faure, pour l'employer à commettre un crime, n'est autre chose que convertir une clef véritable en fausse clef. En un mot, toute clef n'est véritable que relativement à sa destination ». Mais ici se présente une question qui, en présence du silence de la loi, ne laisse pas d'offrir une certaine obscurité. Faut-il considérer commun un vol avec fausse clef, celui qui a été exécuté au moyen d'une clef véritable trouvée ou soustraite au propriétaire de la maison qui s'en servait habituellement pour pénétrer chez lui? En d'autres termes, la clef égarée ou soustraite devient-elle une fausse clef au moment où le voleur s'en sert comme moyen d'exécution du vol? La Cour de cassation admet l'affirmative et donne pour motif à sa décision, dans un premier arrêt: « que la destination originaire d'une clef ne peut être réputée avoir continué d'exister, lorsque cette clef a été égarée, perdue ou soustraite depuis un temps plus ou moins long (¹), » et dans un second « que la destination primitive ne peut être réputée avoir continué d'exister, lorsque le propriétaire à qui elle manque a été placé par suite (de la perte) dans la nécessité de la remplacer (²) ». Ces deux arrêts renferment une extension de la loi pénale, qui n'est autorisée ni par les termes, ni par l'esprit de l'article 398. En effet, le cas que nous examinons ne peut rentrer ni dans la première, ni dans la seconde hypothèse de notre article; car, pour qu'une clef véritable puisse être consi-

(¹) 16 décemb. 1825.
(²) 27 avril 1855.

déréc comme une fausse clef, il faut que la destination
primitive en soit changée, et ce résultat sera produit par
son emploi à une serrure différente de celle qu'elle était
destinée à ouvrir habituellement. Par conséquent, si la
clef a été employée à une serrure à laquelle le propriétaire l'avait destinée, cette distination primitive ne peut
changer aux yeux de la loi par le seul fait qu'elle a été
égarée ou perdue. C'est donc uniquement l'emploi qui
peut changer la nature de la clef véritable, et non, suivant la Cour de cassation, la seule circonstance qu'elle a
été perdue ou soustraite, ou que le propriétaire se trouve
par suite de sa perte dans l'obligation de la remplacer.
L'usage de fausses clefs est assimilé à l'effraction et à
l'escalade dans le paragraphe 4 de l'article 381 ; il sera
donc soumis aux mêmes règles et à la même aggravation
de peine suivant les circonstances avec lesquelles il
viendra concourir. Comme l'effraction, l'emploi de fausses clefs peut être intérieur ou extérieur; mais il diffère
de cette circonstance en ce que, lors même qu'il ne serait qu'intérieur, il pourrait être considéré comme une
des cinq circonstances qui donnent lieu à l'application
de l'article 381 ; tandis que l'effraction doit être extérieure pour que son concours puisse, dans ce cas, entraîner la peine des travaux forcés à perpétuité.

§ 5. — *Des vols à l'aide d'un faux titre, d'un faux costume ou en
alléguant un faux ordre.*

Parmi les moyens d'exécution qui peuvent servir de
cause d'aggravation de la peine, le paragraphe 4 de l'article 381 place, au même rang que l'effraction, l'escalade

et l'usage de fausses clefs, l'emploi d'un faux titre, d'un faux costume et l'allégation d'un faux ordre. Comme pour les autres circonstances, il faut exiger que cette dernière ait été suivie d'une introduction et d'un vol commis dans une maison habitée ou dans ses dépendances. Les termes employés par le législateur, manquant de clarté et de précision, ont donné lieu à la question suivante : est-il nécessaire qu'il y ait eu usurpation d'un titre ou d'un costume sur lequel le voleur n'avait aucun droit; ou bien suffit-il qu'il ait fait un usage illicite, qu'il ait abusé d'un titre qui lui appartenait ou d'un costume qu'il avait le droit de porter? Quelques auteurs, suivant l'opinion enseignée par M. Carnot (¹), pensent que l'abus d'un titre ou d'un costume est suffisant, sans rechercher s'il est ou non usurpé; ils fondent leur décision sur la généralité des termes de la loi qui, d'après eux, s'oppose à toute restriction. Cette interprétation est inexacte; car, prendre le titre d'un fonctionnaire public, c'est, d'après le sens naturel du texte, user d'un faux titre, comme d'un faux costume. Du reste, ces dernières expressions, qui ne peuvent laisser aucun doute, sont celles qui sont employées dans l'exposé des motifs du Code pénal.

§ 6. — *Des vols avec port d'armes.*

Si la loi décide que le voleur qui, au moment de l'accomplissement du vol, était porteur d'armes apparentes ou cachées, en supposant qu'il n'en ait pas fait usage, doit

_____

(¹) *Comm. du Cod. Pén.*, t. II, p. 267.

être puni plus sévèrement ; c'est parce que cette circonstance fait présumer de sa part l'intention d'avoir recours
à la violence ; parce qu'elle expose la victime à des dangers ; parce qu'enfin èlle facilite l'exécution par la crainte
qu'elle inspire. D'après ces motifs, le deuxième paragraphe
de l'article 386 punit de la réclusion tout individu coupable de vol porteurs d'armes apparentes ou cachées,
sans que le concours d'aucune autre circonstance soit
nécessaire. Lorsque le vol avec port d'armes est accompagné d'autres circonstances aggravantes, leur réunion
entraîne l'application d'une peine qui s'élève suivant leur
nombre. Ainsi, l'article 383 prononce la peine des travaux forcés à temps, lorsque le vol avec port d'armes est
commis sur un chemin public ; l'article 385, modifié par
la loi du 13 mai 1863 le déclare punissable de la même
peine, lorsqu'il est suivi de deux des circonstances qu'il
indique. Enfin cette circonstance est placée au nombre
de celles dont la réunion entraîne la peine des travaux
forcés à perpétuité (art. 381). Dans tous les cas que nous
venons d'examiner, le seul fait de porter des armes
augmente la gravité du vol, sans qu'il faille rechercher
si le voleur en a fait usage, ce qui constituerait un acte
de violence et par suite une circonstance aggravante
d'une autre espèce.

Mais que faut-il entendre par vol commis avec port
d'armes : quels sont les instruments ou tous autres objets
qui aggravent la culpabilité du voleur par le seul fait
qu'ils ont été portés par lui pendant le vol sans qu'il en ait
fait usage ? L'article 101 du Code pénal répond à cette
question en ces termes : « Sont compris dans le mot

armes, toutes machines, tous instrumeuts ou ustensiles tranchants, perçants ou contondants. Les couteaux et ciseaux de poche, les cannes simples ne seront réputés armes, qu'autant qu'il en aura été fait usage pour tuer, blesser ou frapper. » Cet article prévoit deux espèces d'armes : celles dont la seule possession aggrave le vol, et celles dont l'usage est nécessaire pour entraîner une cause d'aggravation. Si le voleur qui, au moment de la perpétration du délit, était porteur d'un ciseau, d'une canne ou d'un couteau, ne peut être considéré comme coupable de vol avec port d'armes, c'est parce que ces instruments étant d'un usage commun et habituel, ne peuvent faire supposer par leur présence seule que le voleur avait l'intention d'avoir recours à des violences contre les personnes; parce que la présomption qui motive l'aggravation de la peine n'existe pas. La Cour de cassation dont la jurisprudence est aujourd'hui fixée sur ce sujet, place les bâtons et les pierres au nombre des instruments tranchants, perçants ou contondants ([1]). Mais nous devons remarquer que la présomption de la loi qui fait considérer le port d'armes comme une cause d'aggravation, tombe devant la preuve que la possession avait une cause légitime et étrangère à l'accomplissement du délit : tel serait le cas d'un chasseur qui, étant en chasse et porteur d'un fusil, commettrait un vol.

§ 7. — *Des vols avec violences.*

Le vol commis à l'aide de violences ou de menaces n'est pas seulement un attentat contre la propriété, mais

([1]) Cass., 16 février 1832. — 20 octob. 1831.

encore contre la sécurité publique, en ce sens qu'il expose la victime à un danger réel, qui compromet son existence. Aussi, cette seule circonstance constitue une cause d'aggravation de la peine; elle n'exige point le concours d'aucune autre circonstance aggravante pour modifier la nature du vol, le placer au rang des crimes, et entraîner contre le coupable la peine des travaux forcés à temps, aux termes de l'article 385.

L'ancien article 382 punissait des travaux forcés à perpétuité le vol commis à l'aide de violences, et de plus, avec deux circonstances prévues par l'article 381 ; la même peine était prononcée quand même la violence ne serait accompagnée d'aucune de ces circonstances, pourvu qu'elle eût laissé des traces de blessures ou des contusions. La loi du 28 avril 1852 modifia la pénalité consacrée dans le premier cas, tout en laissant subsister celle du second. Dès lors, le vol avec violences, et de plus, avec deux autres circonstances aggravantes, fut puni des travaux forcés à temps, tandis que la violence seule ayant laissé des traces de blessures entraîna la peine des travaux forcés à perpétuité. De là cette anomalie dans la loi pénale, résultant de la pénalité de ces deux crimes, de l'application de la peine la plus sévère à celui qui offrait un caractère de gravité moindre. En effet, le vol avec violences, effraction et port d'armes est plus grave que le vol avec violences seules, si nous supposons qu'elles aient laissé des traces de contusions insignifiantes. Il aurait donc au moins fallu établir une distinction entre les blessures graves et les contusions légères, occasionnées par la violence. La loi du 13 mai 1863 a effacé ce

vice dans la loi : d'après la rédaction nouvelle de l'article 382, la violence seule entraîne la peine des travaux
forcés à temps, et celle des travaux forcés à perpétuité
si elle a laissé des traces de blessures. Cette pénalité
peut cependant être encore critiquée, si on la rapproche
de celle de l'article 381. Comment admettre, en effet,
qu'un vol simplement accompagné de violences, n'ayant
laissé que des traces de contusions légères, soit justement
puni des travaux forcés à perpétuité, lorsque la réunion
des cinq circonstances de l'article 381 n'entraîne pas une
peine plus rigoureuse? La loi de 1863 a de plus supprimé
une anomalie entre les articles 381 et 385, qui était la
conséquence des modifications partielles introduites dans
la matière par la loi de 1832. L'ancien article 382, d'une
part, punissait des travaux forcés à temps les vols commis avec violences, et de plus, avec deux des circonstances prévues par l'article 381, d'autre part, l'article 385
portait la même peine contre les vols avec violences sans
le concours d'aucune autre circonstance. De là une contradiction bien apparente entre ces deux articles, dont
le dernier rendait inutile la disposition du premier. Cette
erreur législative a été corrigée en supprimant d'abord,
dans l'article 385, la disposition relative à la violence, et
ensuite en effaçant de l'article 382 les deux circonstances
exigées auparavant pour rendre le vol avec violences punissable des travaux forcés à temps.

En règle générale, il faut entendre, par violences, toutes
voies de fait contre les personnes, sans exiger qu'elles
soient suffisantes pour compromettre leur existence;
qu'il en résulte même des blessures ou contusions. Ainsi

le seul fait de saisir une personne afin qu'un autre s'empare de la chose qu'elle porte sur elle ; celui de voiler
la tête de la victime pour qu'elle ne puisse pas reconnaître
les auteurs du vol, constitue un acte de violence ([1]). Le
cinquième paragraphe de l'article 381 assimile à la violence, la menace faite par l'agent de faire usage de ses
armes, mais il faut observer que cette assimilation est
limitative, et qu'elle ne pourrait s'étendre à des menaces
d'une autre sorte.

Si le voleur a employé la violence, non comme moyen
d'exécution du vol, mais pour assurer sa fuite ou la
conservation de la chose volée, faudra-t-il voir dans ce
fait une cause d'aggravation de la peine ? Cette question
s'est déjà présentée au sujet de l'effraction, et nous avons
admis la négative ; nous l'admettons encore relativement
à la violence, en nous fondant sur les mêmes motifs.

L'article 400 place dans la catégorie des vols avec
violences et punit de la peine des travaux forcés à temps,
l'extorsion par force, violence ou contrainte, de la signature ou de la remise d'un écrit, acte, titre ou pièce
quelconque, contenant ou opérant obligation, disposition
ou décharge. L'extorsion n'est pas un vol véritable, la
soustraction frauduleuse de la chose d'autrui, d'après
l'article 379, elle constitue un acte criminel d'un caractère spécial qui n'offre pas les éléments constitutifs du
vol. Il n'existe pas, dans l'espèce d'appréhension, d'enlèvement de la part du voleur ; quelle que soit la violence ou la contrainte employée contre la victime, il n'y

([1]) Cass., 26 mars 1813.

a pas moins signature ou remise provenant de son fait. L'extorsion n'est donc pas la conséquence d'une soustraction proprement dite ; elle résulte plutôt des moyens violents et illicites employés pour obtenir la signature ou la remise d'un titre. Quoi qu'il en soit, le législateur a vu dans ce fait un vol véritable ; on ne peut avoir aucun doute en présence des termes suivants de l'article 401 : « Les autres vols non spécifiés dans la présente section..... » De là, il faut conclure que l'extorsion prévue dans la disposition qui précède cet article est rangé par la loi dans la classe des vols. D'où ces deux conséquences : 1° la disposition de l'article 401 doit s'étendre à l'extorsion (¹) ; 2° lorsqu'elle n'est pas le résultat de la violence ou de la contrainte, et que, par conséquent, elle n'est pas accompagnée de la circonstance qui motive l'aggravation de la peine, elle n'est plus qu'un simple délit prévu par l'article 401 (²).

L'article 400 doit être interprété d'après le sens et l'étendue de ses termes. Il faut que l'extorsion occasionne un préjudice matériel, une atteinte portée à la fortune du signataire ou du possesseur du titre. Il ne serait donc pas applicable dans le cas où l'écrit extorqué par violence ou contrainte, intéresserait uniquement l'honneur ou la réputation de celui qui serait dépouillé. Mais si le titre ainsi enlevé est entaché d'un vice de forme qui, entraînant sa nullité, s'oppose à ce qu'il produise ses effets ; la nature du crime ne sera-t-elle pas modifiée par ce fait ? Malgré l'avis contraire de la Cour de cassa-

(¹) Cass., 8 février 1840.
(²) Cass., 7 octob., 1831.

tion ('), l'application de l'article 400 nous paraît ici impossible; cet article punit, en effet, l'extorsion d'un titre contenant ou opérant obligation, disposition ou décharge; or, l'écrit n'aura plus le caractère exigé par la loi lorsque sa nullité l'empêche de produire aucun effet. Cependant, si cette nullité avait été ignorée de l'agent, le fait supposé pourrait constituer une tentative d'extorsion n'ayant pas produit son effet par une circonstance indépendante de sa volonté.

Dans l'énumération donnée par l'article 400, des moyens qui peuvent servir à opérer l'extorsion, la loi comprend aussi bien la violence physique que la violence morale; il suffit, d'après l'article 1112 du Code civil, qu'elle soit de nature à faire impression sur une personne raisonnable et qu'elle puisse lui inspirer la crainte d'exposer sa personne ou sa fortune à un mal considérable et présent.

DEUXIÈME PARTIE
Du vol au point de vue de la loi civile.

Nous avons vu jusqu'ici quelles sont les conséquences du vol relativement à la personne de l'auteur; quelle est la sanction pénale qui lui est imposée suivant qu'il mérite la qualification de crime ou de délit. Il nous reste à examiner les conséquences civiles qu'il entraîne, et nous devons, pour atteindre ce but, mettre en scène

('). Cass., 6 février 1812.

non-seulement l'agent du délit ou du crime, mais encore la personne même qui en a été victime. Ainsi, il nous sera possible de fixer les moyens que la loi accorde à celle-ci pour obtenir réparation du dommage qu'elle a souffert, et, par suite, les obligations civiles qui incombent à celle-là.

A ce sujet, et pour limiter cette étude aux questions principales qu'elle renferme, nous rechercherons d'abord comment s'exerce et s'éteint le droit de revendication du propriétaire de la chose volée; en second lieu, quelle est la responsabilité du voleur en cas de perte; en troisième lieu, quelles sont les conséquences civiles de la soustraction des biens d'une succession commise entre héritiers et de ceux d'une communauté commise entre époux.

SECTION Iʳᵉ

De la revendication des objets volés.

En principe, tout propriétaire peut recourir à la justice pour faire triompher son droit de propriété contre toute personne qui y porte une atteinte illégale; il peut, au moyen d'une action, revendiquer et recouvrer la possession de la chose dont il a été injustement dépouillé. Pour faire triompher sa demande en revendication, le propriétaire ne sera pas obligé de prouver son droit de propriété; le tribunal ne pourra pas exiger, pour donner satisfaction à ses prétentions, qu'il établisse par des preuves incontestables qu'il a un droit de propriété exclusif sur la chose qui lui a été enlevée; car cette exigence rendrait vaine dans bien des cas la protection de la loi.

Il lui suffira de prouver qu'il était possesseur de l'objet au moment où le vol a été commis. Peu importe encore qu'il fasse ou non connaître l'auteur de la soustraction, qu'il justifie qu'une condamnation pénale a déjà été prononcée pour le fait dont il demande réparation. Enfin, il peut réclamer la restitution de sa chose contre tout possesseur, qu'il l'ait reçue du voleur lui-même à titre gratuit ou onéreux, et, dans ce dernier cas, rien ne l'oblige, sauf exceptions, à rembourser le prix d'achat, à réparer le préjudice que cette éviction fait subir.

Cependant, ce droit de revendication n'existe pas au profit du propriétaire pendant un temps indéfini ; après trente ans, le voleur, comme tout autre possesseur de mauvaise foi, devient propriétaire de la chose volée. On objecterait en vain que l'action publique se prescrivant par dix ou trois ans, d'après les articles 637 et 638 du Code d'instruction criminelle, l'extinction de cette action doit entraîner celle de l'action civile en revendication. « Sans doute, dit Marcadé, il ne peut être poursuivi ni civilement, ni criminellement comme voleur ; mais rien n'empêche assurément de le poursuivre pendant trente années par action réelle, comme détenteur du bien qui m'appartient. Il est très-vrai que pour repousser la défense qu'il voudrait tirer de l'article 2279, et pour prouver sa bonne foi (car on sait que la bonne foi se présume toujours), je ne pourrai pas parler de vol ; mais ce n'est là qu'une affaire de précaution oratoire,

et il sera toujours facile d'arriver, surtout avec la bonne
volonté que ne manqueront pas d'y mettre les juges en
pareil cas, à donner la conviction de la mauvaise foi,
sans se faire déclarer non recevable comme poursuivant
le possesseur en qualité de voleur (¹). »

Nous avons supposé jusqu'ici que la chose volée se
trouvait entre les mains du voleur ou d'un possesseur
de mauvaise foi; mais dans le cas contraire, par exemple lorsque le voleur vend la chose volée à un tiers, qui
la reçoit de bonne foi et qui, dans la fausse croyance
qu'elle appartient au vendeur lui en paye le prix, faudra-
t-il permettre contre lui l'action en revendication ou
bien lui accorder le bénéfice de l'article 2279 : « En fait
de meubles, la possession vaut titre? » Ce principe qui a
sa source dans l'ancien Droit germanique n'était pas
consacré par la loi romaine. Suivant la loi des Douze
Tables, la propriété des meubles possédés de bonne foi
et avec juste titre s'acquérait par une prescription d'un
an; au temps de Justinien, la durée de la possession
nécessaire à la prescription était de trois ans. Nos
coutumes anciennes appliquèrent aux meubles possédés
de bonne foi des prescriptions dont la durée était bien
différente; les unes exigeaient une possession de trois
ans, d'autres de cinq ans, d'autres enfin, de trente ans.
Cependant, au dire de Bourjon (²), la jurisprudence
constante du Châtelet de Paris, admettait, en principe,
que le propriétaire ne possédait sur les biens mobiliers

(¹) Marcadé, t. XII, p. 361. (Edit. de 1867.)
(²) Bourjon, t. I, p. 458, 459, 1094. (Edit. de 1770.)

aucun droit de suite ; dès lors, il ne pouvait exercer aucun droit de revendication contre les tiers possesseurs de bonne foi qui acquéraient la propriété dès le premier instant de la possession. Telle est la même source à laquelle les rédacteurs du Code civil paraissent avoir puisé la disposition de l'article 2279, qui n'est que la reproduction du principe posé par Bourjon dans des termes identiques : en fait de meubles, possession vaut titre ; ce qui veut dire que la possession d'un meuble, eût-elle duré pendant un seul jour produit tous les effets d'un titre de propriété. Ce qui prouve encore que telle est l'interprétation qu'il faut donner à cet article, c'est que introduisant dans le deuxième paragraphe une exception à la règle générale du premier, il décide que les meubles volés ou perdus pourront être revendiqués pendant trois ans, d'où il résulte que dans tous autres cas, la revendication est impossible parce que le tiers possesseur acquiert la propriété par le seul fait de la possession. Toullier, ne se laissant pas convaincre par ces arguments qui paraissent cependant bien décisifs, enseigne une opinion qui n'est pas admissible. Il prétend que l'article 2279 considère dans sa première disposition, la possession comme une simple présomption de propriété, qui doit tomber devant la preuve contraire et qu'elle ne donne naissance qu'au droit de propriété véritable que lorsqu'elle est prolongée pendant trois ans, d'après la seconde disposition du même article. Nous admettrons donc le principe de la prescription instantanée, appliqué aux objets mobiliers, tel que l'admet Bourjon et la grande majorité des auteurs qui

l'ont suivi. Et s'il s'agit de motiver une semblable décision, nous dirons, d'une part, que le législateur n'a pas
voulu apporter des entraves à la marche rapide des
affaires commerciales relatives aux meubles, soit à
cause du peu d'importance habituelle de ces sortes
de choses, soit à cause des transactions nombreuses
dont elles sont l'objet; d'autre part, que l'acheteur de
bonne foi, trompé sur la provenance du meuble, est au
moins aussi digne de la protection de la loi que le
propriétaire qui a commis la faute de se dessaisir imprudemment de l'objet qui lui appartenait.

Le bénéfice légal du principe de l'article 2279 ne
s'étend pas à tout possesseur de bonne foi, il est soumis
à une restriction par le second paragraphe du même
article ainsi conçu : « Néanmoins, celui qui a perdu ou
auquel il a été volé une chose, peut la revendiquer
pendant trois ans, à compter du jour de la perte ou du
vol, contre celui dans les mains duquel il la trouve;
sauf à celui-ci son recours contre celui de qui il la
tient. » Ainsi, ce n'est plus au moyen d'une prescription
instantanée, mais par un laps de trois ans, que la propriété d'une chose volée est acquise au possesseur de
bonne foi. Le Droit romain défendit d'abord la prescription des choses furtives; au temps de Justinien, il
fallait, pour les acquérir, un laps de temps de trente
ans, même au possesseur de bonne foi. Nous trouvons,
dans les établissements de saint Louis, une décision
d'après laquelle le propriétaire était autorisé à revendiquer la chose lorsque la dessaisine avait été involontaire
de sa part; mais non dans le cas où elle avait été volon-

tairement consentie ([1]). La jurisprudence du Châtelet de Paris, suivant une distinction semblable, accordait ou refusait au propriétaire le droit de revendiquer sa chose possédée par un tiers de bonne foi ([2]).

D'après le deuxième paragraphe de l'article 2279, le tiers qui possède la chose volée par juste titre et de bonne foi, peut repousser la revendication exercée contre lui par le propriétaire, lorsque trois années se sont écoulées depuis la perte ou le vol. D'où il résulte que cette perception triennale n'est pas une prescription acquisitive proprement dite, puisque la loi n'exige pas, pour qu'elle s'accomplisse, trois années de possession continue. Ainsi même, dans le cas où le voleur, après avoir conservé la chose pendant trois ans moins quelques jours, ne s'en serait dessaisi au profit d'un acquéreur de bonne foi que pendant ces derniers jours précédant l'expiration du délai, le propriétaire serait déclaré non recevable dans sa demande en revendication dès l'expiration des trois années comptées du jour de la perte où du vol. Ce n'est pas davantage une prescription libératoire, puisqu'elle suppose une possession qui peut, sans doute, n'avoir duré que pendant un temps très-court, mais qui n'en est pas moins nécessaire à son existence. La prescription de l'article 2279 offre donc des caractères exceptionnels qui en font une prescription *sui generis*; c'est plutôt une sorte de déchéance que la loi fait encourir au propriétaire et qui a son point de départ,

---

([1]) Liv. I, chap. XCI. — Liv. II chap. XVIII.
([2]) Bourjon t. II, p. 695. (Edit. de 1770.)

non pas du jour où la possession de bonne foi et avec juste
titre commence, mais au jour où la dépossession a eu
lieu au préjudice du propriétaire. Le législateur, voulant
favoriser la libre circulation des meubles dans l'intérêt
du commerce, voulant encore tarir une source féconde
de procès résultant des transactions fréquentes dont ces
sortes de biens sont l'objet, a dû fixer un délai, passé
lequel les contrats consentis de bonne foi ne pourront
être annulés par la revendication du propriétaire, dont
les intérêts ne seront cependant pas sacrifiés, puisqu'il a
trois ans pour réclamer la chose perdue ou volée. Mais,
pourquoi le législateur a-t-il conservé une prescription
spéciale au lieu d'appliquer le principe général de l'article 2279? Cette différence provient de la situation
différente du propriétaire basée sur la dessaisine volontaire ou forcée? Lorsqu'il y a dessaisissement volontaire,
il y a une faute imputable à celui qui l'a consenti, d'avoir
livré une chose à une personne qui devait trahir sa confiance, tandis qu'on ne peut reprocher au tiers détenteur
de bonne foi son erreur sur la provenance de la chose.
De là, le bénéfice de la prescription instantanée qui lui
est accordé par la loi. Mais, si le dessaisissement a été
forcé, et c'est évidemment le cas du vol, on ne peut
imputer au propriétaire une faute quelconque, la loi lui
doit protection en lui permettant de revendiquer pendant
trois ans la chose perdue ou volée. Il lui suffira de prouver qu'il était possesseur de l'objet au moment de la
soustraction; peu importe qu'il fasse ou non connaître
le voleur, et qu'il prouve qu'il a été condamné comme
tel; enfin, en règle générale, il n'est pas obligé de rendre

le prix d'acquisition au tiers acquéreur de bonne foi. Cependant l'article 2280 décide que lorsque le possesseur actuel de la chose volée l'a achetée dans un foire ou marché, dans une vente publique ou d'un marchand vendant des choses pareilles, le propriétaire ne peut se la faire rendre qu'en remboursant au possesseur le prix qu'elle lui a coûté ; dans tout autre cas, lorsque par exemple la chose aura été donnée ou léguée à une personne qui l'aura reçue de bonne foi, le propriétaire pourra intenter contre lui une revendication pure et simple. C'est toujours l'intérêt du commerce qui a inspiré cette décision au législateur : il s'est proposé de faire disparaître la trop grande méfiance que l'acquéreur montrerait sans cela dans ces sortes d'acquisitions, qui n'offrent aucune garantie relative à la propriété du vendeur. La jurisprudence décide que les bourses de commerce doivent être comprises dans la dénomination générale de marchés publics ; mais elle refuse d'étendre cette assimilation aux boutiques de changeurs pour l'achat des titres au porteur (¹). La revendication restera soumise à la même condition, quand même le marchand aurait vendu non pour son propre compte, mais pour celui d'un tiers dont il serait le mandataire ; ainsi, l'acheteur d'un titre négocié à la bourse par un agent de change serait protégé par l'article 2280 (²).

Bien que l'article 2280 s'applique spécialement au cas d'un possesseur ayant acheté l'objet volé dans une des circonstances prévues par cet article, la décision devrait

(¹) Paris, 26 août 1864.
(²) Paris, 25 janvier 1868.

être la même, si ce même possesseur l'ayant acheté dans
d'autres circonstances, le tenait d'un vendeur qui l'aurait lui-même acquis dans une foire, un marché ou vente
publique. En effet, si le propriétaire pouvait se dispenser
de lui rembourser le prix d'acquisition, l'éviction ferait
naître, au profit de ce dernier, un recours en garantie
contre son vendeur, qui lui, se trouvant dans les conditions de l'article 2280, pourrait exiger du revendiquant
le remboursement du prix. Mais si, dans l'hypothèse que
nous prévoyons, le prix de revente du dernier acquéreur
était plus élevé que le prix d'acquisition du vendeur, le
propriétaire ne serait tenu qu'au remboursement de ce
dernier, puisqu'il doit restituer sans aucune distinction
le prix qui a été payé dans la foire ou la vente publique (¹). Du reste, dans tous les cas où le remboursement
est exigé comme condition nécessaire à la validité de la
demande en revendication, le propriétaire a un recours
en indemnité contre l'auteur du vol ; il peut même, dans
le cas de ventes successives, poursuivre indistinctement
chacun des vendeurs, jusqu'à complet désintéresse-
ment (²). Si la loi a fait peser la même responsabilité sur
tous les acquéreurs successifs de la chose volée, c'est
afin de ne pas les encourager à s'en dessaisir dès qu'ils
soupçonneraient les poursuites, ce qui augmenterait la
difficulté des recherches.

Le second paragraphe de l'article 2279 prévoit la prescription des choses volées ; mais quelle étendue faut-il
donner à son application ; que faut-il entendre par chose

(¹) Cass., 9 avril 1861.
(²) Paris 9 décemb. 1839.

volée? Le fait générateur de cette prescription doit-il présenter tous les caractères d'un vol proprement dit, tel que le définit l'article 379 du Code pénal? Pour résoudre cette question, il faut avant tout rechercher la nature de la disposition de l'article 2279; savoir si elle consacre un principe ou simplement une exception. On a prétendu que la première disposition de notre article était exceptionnelle, parce qu'elle renferme une dérogation au principe général de l'article 1599, aux termes duquel la vente de la chose d'autrui est nulle, et il déroge, a-t-on dit, à la règle générale, en décidant que lorsqu'il s'agit d'un meuble, le tiers acquéreur de bonne foi et par juste titre, en devient propriétaire par une prescription instantanée, quand même la tradition aurait été consentie *a non domino*. Dès lors, étant donné d'une part, que la première disposition est exceptionnelle, d'autre part, que la seconde est elle-même une exception à la première, nous nous trouvons en présence d'un retour à la règle générale, et il faut considérer le paragraphe 2 de l'article 2279 comme un principe fondamental de notre Droit. Suivant cette argumentation, MM. Toullier (¹) et Troplong (²) enseignent qu'il ne faut pas interpréter d'une façon limitative le deuxième paragraphe de notre article, mais lui donner, au contraire, toute l'extension exigée par la loi dans l'application d'un principe. Suivant ces auteurs, il faudrait l'appliquer non-seulement aux vols proprement dits, mais encore aux

---

(¹) T. XIV, nᵒˢ 118 et 119.
(²) T. II, nᵒ 1069. *De la Prescript.*

délits qui ont avec le vol une certaine analogie, par exemple à l'escroquerie.

Nous croyons avec Marcadé que cette doctrine s'appuie sur une erreur juridique, car la première disposition de l'article 2279, loin d'être une exception, est un principe général, aussi bien du reste que l'article 1599 avec lequel il n'a aucun rapport. Celui-ci prévoit l'acquisition d'une chose par suite d'une vente, celui-là, par suite d'une prescription : ce sont là deux manières d'acquérir qui ne peuvent se confondre et même être rapprochées l'une de l'autre. « C'est un principe, dit le savant auteur, que la vente de la chose d'autrui est nulle ; c'est un autre principe que, dans le cas de vente de la chose d'autrui (comme au cas d'échange, de donation, de legs, etc.), l'acquéreur, si cette chose est un meuble, en devient propriétaire par prescription ; or, la seconde idée n'apporte aucune exception, dérogation ou restriction à la première, puisque c'est précisément dans ce cas comme dans tous les autres, parce que la vente est nulle, qu'il y a lieu à l'application de la prescription, si la vente était alors valable, le tiers acquerrait donc par son contrat et n'aurait pas besoin de prescrire ([1]). »

Mais si la première disposition de l'article 2279 est un principe, la seconde, qui lui apporte une restriction, est simplement exceptionnelle, et, comme toute exception, doit être strictement renfermée dans les limites fixées par le législateur par les termes employés. Or, il a spécialement prévu la prescription des objets volés, il faut donc

---

([1]) Marcadé, t. XII, p. 363. (Edit. de 1867.)

qu'il s'agisse d'un vol proprement dit, possédant tous les éléments exigés par l'article 379. Notre article ne peut donc s'appliquer au cas de soustraction d'une chose louée ou déposée de la part du locataire ou dépositaire, pas plus qu'à certains délits, tels que l'escroquerie ou l'abus de confiance, qui ne sont pas des vols véritables, bien qu'ils aient pour résultat de porter atteinte à la propriété d'autrui.

SECTION II

De la perte de la chose volée.

En principe, le débiteur d'une chose individuellement déterminé est libéré de l'obligation de la délivrer, lorsqu'elle vient à périr par suite d'un événement de force majeure, qui ne peut lui être imputable. Si le débiteur est en demeure, il faut qu'il prouve non-seulement que la chose a péri par cas fortuit, mais encore qu'elle aurait également péri entre les mains du créancier, si elle lui avait été remise au moment de la mise en demeure. L'article 1302, après ces deux règles, renferme un dernier paragraphe qui s'oppose à ce que la perte de la chose volée puisse éteindre l'obligation du voleur qui, dans ce cas, sera tenu d'en payer la valeur. Les termes de la loi étant généraux, doivent être interprétés dans le sens le plus large possible : peu importe donc que le voleur prouve qu'il s'est trouvé dans l'impossibilité la plus absolue de restituer l'objet; peu importe même qu'il établisse, par des preuves certaines, qu'il eût également péri chez le propriétaire; dans tous les cas, il

doit lui en payer le prix. D'abord, il est incontestable
que le voleur ne peut se libérer en prouvant que la chose
a péri sans sa faute, car, la loi l'ayant constitué en
demeure dès le premier moment du vol, le retard qu'il
met à la restitution constitue une faute renouvelée à
tous les instants de sa possession. Mais est-il juste et
conforme à l'esprit général de la loi, d'admettre une
décision semblable, lorsqu'il est prouvé que la chose eût
également péri si elle fût restée entre les mains du propriétaire. Certains auteurs, entre autres MM. Duranton ('), Zachariæ (²), enseignent la négative en se fondant sur un principe d'honnêteté et de morale qui est
une des bases de notre Droit français : que personne ne
doit s'enrichir aux dépens d'autrui. Cette opinion n'est
pas fondée : d'abord, si nous recherchons les sources de
la disposition finale de l'article 1302, nous trouvons
qu'elle a été empruntée à Pothier, qui interprétait en ce
sens la règle qu'il posait au sujet de la perte de la chose
volée : « On n'entre pas dans l'examen dans lequel on
entre à l'égard des autres débiteurs qui sont en demeure
de restituer une chose, qui est de savoir si la chose
qu'ils sont en demeure de restituer, fût également péric
entre les mains de celui à qui elle doit être restituée ;
ces personnes sont trop défavorables pour qu'on doive
entrer à leur égard dans cet examen (³) ». Cette interprétation historique est confirmée par le sens naturel
qu'il faut donner au texte même de la loi : elle place la

('') T.-XII. nº 506.
(') T. II, p. 422, note 6.
(*) Pothier. *De la Possession*, nº 128.

règle qui concerne le vol, non pas après le premier, mais après le second paragraphe de l'article 1302 ; d'où il résulte qu'elle prévoit tous les cas précédents et que les mots *de quelque manière que la chose ait péri* embrassent toute espèce d'hypothèse. Enfin, cette décision n'implique pas nécessairement la violation du principe de morale que nous avons rapporté plus haut ; car, ne peut-on pas supposer, même dans ce cas, que le propriétaire, s'il eût conservé sa chose, s'en serait dessaisi avant la perte et aurait, sans le vol, profité du prix de la vente ([1]).

L'article 1302 prévoyant la perte de l'objet volé, suppose non-seulement qu'il a été perdu, détruit ou mis hors du commerce, mais encore qu'il a été acquis par un tiers possesseur de bonne foi, par la prescription triennale de l'article 2279. Ici comme dans tous les autres cas, le voleur sera obligé de restituer au propriétaire la valeur la plus élevée de la chose depuis l'accomplissement du vol. Cependant, la responsabilité encourue par le voleur en cas de perte ne doit pas peser sur lui pendant un temps indéfini. Il sera libéré de l'obligation de l'article 1302, dès l'expiration de la durée de l'action publique ; après trois ans, si le vol est qualifié délit, après dix ans s'il est qualifié crime. Du reste, la responsabilité légale qui permet d'intenter une action civile tendant à obtenir la restitution du prix, ne peut arriver à ce résultat qu'en présence d'un vol véritable, susceptible d'entraîner une condamnation contre son auteur ; il n'est donc pas douteux que les tribunaux civils ne pourront

([1]) Conf. Marcadé, t. IV, p. 648. (Edit. de 1859.)

pas faire l'application du paragraphe 3 de l'article 1302, si la Cour appelée à se prononcer sur le vol a rendu un verdict d'acquittement.

Le voleur, dans le cas de perte par cas fortuit, doit restituer la valeur de la chose au moment du vol si depuis elle a diminué de valeur ou si elle n'en a pas changé. Dans le cas contraire, il faut se placer, pour l'estimer, au moment où elle atteint la valeur la plus élevée depuis le vol. Cette décision s'explique en disant que le propriétaire aurait pu profiter de ce moment pour la vendre; or, il ne doit subir aucun préjudice par suite du vol. Le voleur doit restituer non-seulement le prix de la chose, mais encore le montant de tous les fruits, même de ceux qu'il aurait négligé de percevoir; seul en effet il doit supporter les conséquences de sa faute et non le propriétaire, auquel on ne peut reprocher même une imprudence. La sévérité de la disposition finale de l'article 1302 doit la faire considérer comme une sanction pénale contre le voleur; il faut donc l'appliquer au coupable seul et non à ses héritiers, qui pourront être poursuivis comme possesseurs de mauvaise foi, lorsqu'ils sauront que la chose par eux détenue est furtive; la loi ne parle, en effet, *que de celui qui a soustrait.* D'où cette autre conséquence qu'elle ne prévoit que le vol et non l'escroquerie et l'abus de confiance. Mais elle embrasse certains faits que la loi pénale considère comme des soustractions proprement dites, tels sont les détournements d'objets saisis ou donnés en gage, commis par le saisi ou par le donneur de gage au préjudice des créanciers.

Des conséquences civiles du détournement ou recel des effets d'une
succession ou des biens de communauté.

Lorsqu'un héritier commet un détournement au préjudice de ses cohéritiers ou des créanciers de la succession
à laquelle il est appelé, sa situation peut être différente
au point de vue des droits sur les biens héréditaires. Il
peut, d'abord, ne pas s'être prononcé sur la faculté qui
lui est accordée d'accepter ou de répudier la succession ;
soit avoir accepté purement et simplement ou sous
bénéfice d'inventaire ; soit enfin avoir renoncé à son titre
et à ses droits d'héritier. L'article 792 du Code civil
posant une règle générale, décide que l'héritier reconnu
coupable de divertissement ou recel des effets d'une succession, est déclaré déchu de la faculté d'y renoncer,
demeure héritier pur et simple, nonobstant sa renonciation ; sans pouvoir prétendre à aucune part dans les
objets divertis ou recélés. Cette double déchéance peut
être appliquée lorsque l'héritier n'a pas encore accepté ou
renoncé, et même lorsqu'il a accepté sous bénéfice d'inventaire suivant l'article 801, qui n'est que l'application
du principe de l'article 792 au cas spécial d'acceptation
bénéficiaire.

En Droit romain, les effets du détournement commis
par un héritier étaient différents, suivant qu'il était
appelé à la succession comme héritier sien et nécessaire,
ou comme héritier externe ou volontaire. Dans le premier cas, il était déclaré héritier pur et simple, et per-

dait par suite le bénéfice d'abstention, et cela parce qu'il était considéré comme investi de la succession, à son insu et malgré lui, qu'il pouvait sans doute répudier, mais à la condition de ne pas faire acte d'héritier; car toute immixtion dans les affaires entraînait la déchéance de ce droit; or, le divertissement et le recel étant considérés comme un fait de cette nature, devaient avoir pour effet de le faire déclarer héritier pur et simple. Il en était différemment dans le second cas, et cette différence provenait de la situation de l'héritier externe ou volontaire. Jusqu'à l'*aditio*, c'est-à-dire avant d'avoir manifesté *vel re vel verbis*, l'intention d'accepter la succession, il lui restait complètement étranger; par conséquent, il devait être poursuivi par l'action *expilatæ hereditatis*, comme coupable de soustraction de la chose d'autrui. Notre Droit, admettant en principe que tout héritier est investi de la succession qui s'ouvre pour lui, applique, dans tous les cas, la règle spécialement consacrée par la loi romaine aux héritiers siens nécessaires. Ainsi, l'héritier qui aura détourné un bien héréditaire, sera réputé avoir fait un des actes qui, d'après l'article 778, font nécessairement supposer son intention d'accepter purement et simplement, et cette déchéance de la faculté de renoncer repose sur cette présomption tacite que l'héritier ne pourra détruire par des preuves contraires, parce qu'il serait obligé d'invoquer pour sa défense un fait délictueux dont il est l'auteur, or : *nemo auditur propriam allegans turpitudinem*. La disposition de l'article 792, avons-nous dit, repose sur la présomption de l'article 778 : tout acte d'immixtion dans les affaires

— 247 —

d'une succession renferme une acceptation tacite, d'où
cette conséquence forcée que l'héritier doit être capable
d'accepter pour encourir la déchéance de l'article 792.
Sachant donc que le mineur non émancipé doit être
représenté par son tuteur muni de l'autorisation du
conseil de famille, que l'acceptation ne peut même avoir
lieu que sous bénéfice d'inventaire (art. 461-484), il
faut décider que le détournement ou recel du mineur ne
peut entraîner à son préjudice la perte du droit de renonciation, pas plus que le faire déclarer héritier pur et
simple après l'acceptation bénéficiaire. Mais, s'il était
reconnu coupable d'avoir agi avec discernement, il devrait
encourir la seconde déchéance de l'article 792, être privé
de sa part dans les objets divertis ou recélés. Pour cela,
il ne faut pas exiger que le divertissement ou recel
constitue un délit punissable par la loi pénale, il suffit
qu'il ait pour résultat de rompre l'égalité que la loi
réclame dans les partages entre cohéritiers appelés au
même titre (¹). Il n'est pas non plus indispensable que le
détournement ait été commis depuis la mort du *de cujus*;
l'héritier serait soumis à la même déchéance, si de son
vivant il avait détourné un objet, pourvu qu'il l'eut fait
pendant sa dernière maladie, en vue de sa mort pro-
chaine, et que la fraude se soit continuée après l'ouverture de la succession (²). Le détournement et le recel
sont les deux causes entraînant la double déchéance de
l'article 792; l'un renferme une idée de soustraction;

(¹) Cass., 25 août, 1869.
(²) Conf. Demolombe, t. XIV, nº 486. — Cass., 5 août 1869.

l'autre comprend toute espèce de rétention frauduleuse, par exemple, lorsque l'héritier ayant reçu des donations sans dispense de rapport, ne fait pas connaître les sommes qu'il doit rapporter à la succession. Les termes généraux des articles 792 et 801 nous autorisent encore à donner la même décision, lorsque l'héritier débiteur du défunt omet dans le partage de faire connaître le montant de sa dette. Il faut exiger, comme condition nécessaire à l'application de notre article, que l'acte soit frauduleux, qu'il soit commis dans l'intention de nuire aux autres cohéritiers ou créanciers de la succession par l'attribution exclusive d'un bien qui devrait être compris dans le partage. Mais il importe peu que le bien détourné ne fasse pas partie de la succession, si l'héritier induit en erreur avait la persuasion qu'il détournait un bien héréditaire. Du reste, il est évident que dans cette hypothèse la première déchéance de l'article 792 lui serait seule applicable. Si l'héritier remet avant toute poursuite l'objet diverti ou recélé, la sanction de la loi civile s'évanouit, quel que soit le temps de la possession de mauvaise foi. Nous reproduisons ici une règle de notre ancien Droit, qui peut nous servir à suppléer au silence de la loi, bien qu'on prétende qu'elle est contraire au principe posé à ce sujet par la loi pénale et qu'elle entraîne la violation de droits acquis au préjudice des héritiers ou créanciers d'une succession. Nous pouvons répondre à ces objections : d'abord que les principes de la loi civile ne sont pas liés d'une façon aussi étroite à ceux de la loi pénale ; de plus, que le divertissement d'un héritier ne peut produire ses effets à l'égard des autres, et par conséquent, créer des droits à leur profit, qu'au moment où la fraude est découverte et poursuivie par eux (¹).

Nous avons supposé jusqu'ici que l'héritier n'avait pas encore accepté ou répudié la succession, ou qu'il l'avait acceptée sous bénéfice d'inventaire, mais s'il a déjà accepté purement et simplement, il est évident que le seul effet produit par le détournement, sera de lui faire perdre sa part sur cet objet.

Si nous prenons une troisième hypothèse, celle où le divertissement survient après la renonciation à la succession, quelle sera la situation de l'héritier? Il faut distinguer si elle a été ou si elle n'a pas été encore acceptée par un autre héritier. Dans le premier cas, l'héritier renonçant ayant reçu de la loi (art. 790), la faveur de revenir sur sa décision, peut encore accepter; or, sachant que tout acte d'immixtion emporte la présomption d'une acceptation tacite, il faut, d'après l'article 792, le déclarer héritier pur et simple, et lui faire perdre sa part de l'objet détourné. Dans le second cas, sa renonciation étant irrévocable par suite de l'acceptation d'un autre héritier qui, forcé d'accepter pour le tout, acquiert un droit définitif sur la totalité des biens, le divertissement devient la soustraction de la chose d'autrui, et constitue un vol véritable (²).

Si nous supposons, en dernier lieu, le cas d'un héritier seul appelé à recueillir une succession, le seul effet que le détournement pourra produire sera de le déclarer hé-

---

(¹) Conf. Demolombe, t. XIV, n° 480. — Cass., 10 décembre 1835.
(²) Conf. Marcadé, t. III n° 242. (Edit. de 1873.)

ritier pur et simple. Il ne peut, en effet, être privé de sa part, puisqu'il possède un droit exclusif sur la totalité des biens.

Dans les cas où l'héritier doit perdre sa portion du bien héréditaire, cette diminution forcée dans son actif entraîne-t-elle une diminution proportionnée dans le passif, en d'autres termes, les autres cohéritiers reçoivent-ils franche et quitte la part qui devait appartenir à celui qui a encouru la déchéance de l'article 792? M. Demolombe enseigne avec raison (¹) que cette déchéance a pour but de faire subir à l'héritier un préjudice semblable à celui qu'il voulait imposer à ses cohéritiers. Or, puisqu'il avait l'intention de s'approprier la totalité d'un objet franc et quitte de toute dette, il est juste qu'il perde sa part sans qu'il obtienne une diminution dans le passif qu'il doit supporter. M. Troplong admet une opinion contraire en se fondant sur la raison que chaque héritier ne peut être tenu de contribuer aux dettes que dans la proportion de l'actif qu'il reçoit. Cette argumentation est contraire au principe d'après lequel l'obligation aux dettes se détermine suivant la vocation héréditaire de chaque héritier, et non d'après la part qui lui revient nette de tout prélèvement ou payement de legs. L'obligation de restituer la chose entière constituant plutôt une réparation accordée aux autres héritiers pour les risques auxquels ils ont été exposés qu'une répression pénale, passera aux héritiers de l'auteur du détournement, quand même la fraude n'aurait été découverte qu'après le décès de ce dernier (¹).

(¹) Demolombe, t. XIV, n° 500.
(¹) Cass., 4 décemb. 1844.

L'action civile en restitution de l'objet détourné se pres-
crira par le même temps que l'action publique, parce qu'il
faut la considérer comme une action en réparation d'un
dommage causé par un délit. Enfin, les cohéritiers pourront
renoncer au bénéfice de l'article 792, et cette renonciation au droit de réclamer la restitution de l'objet, sera
présumée, lorsque connaissant la fraude au moment du
partage, ils auront gardé le silence.

De même que l'héritier, la veuve qui a diverti ou recélé des effets de la communauté, encourt une répression
civile. L'article 1460, d'une part, la déclare commune
nonobstant sa renonciation; de l'autre, l'article 1477 la
prive de sa portion dans les objets divertis. La première
déchéance repose sur les mêmes motifs que celle de l'héritier : elle est privée de la faculté de renoncer dans
l'avenir à la communauté, parce qu'elle commet un acte
d'immixtion qui emporte avec lui une acceptation tacite,
et toute acceptation librement consentie par elle est
en principe irrévocable. La veuve perdra donc non-
seulement la faveur qui lui est accordée dans les cas
ordinaires de n'être tenue des charges de la communauté
que jusqu'à concurrence de l'émolument qu'elle re-
cueille; mais même la faculté de renoncer à la communauté. Quant au mari, le divertissement d'un bien
commun n'aura d'autre effet que de lui faire perdre sa
portion, puisqu'il ne peut en aucun cas renoncer à la
communauté. L'époux au préjudice duquel le détournement aura été commis prélèvera franc et quitte de toute
dette l'objet sur lequel il avait un droit, soit comme
héritier, soit comme donataire ou légataire. Cependant,

si les biens de communauté n'étaient pas suffisants pour désintéresser la femme, les biens divertis par elle seraient quand même employés au payement de ses remplois. Les articles 1460 et 1477 reçoivent leur application quelle que soit la cause qui entraîne la dissolution de la communauté. Ainsi, bien que la loi ne parle que de la veuve (art. 1460), il faut lui assimiler la femme séparée de corps ou de biens; car si la loi n'a prévu que la dissolution de la communauté par la mort du mari, c'est que dans les autres cas ce dernier restant détenteur des biens communs, les détournements commis par la femme seront très-rares. Mais il faut exiger d'abord que le bien fasse partie d'une communauté; s'il était propre à l'un des époux, nous serions dans l'hypothèse de l'article 380 du Code pénal, qui ne permet que des réparations civiles; de plus, que le détournement ait eu à son origine un caractère frauduleux; enfin, que la femme soit capable d'accepter la communauté. Cependant, la réunion de toutes ces circonstances ne pourrait la faire déclarer commune, si elle restituait volontairement les objets divertis avant les poursuites (¹).

Si nous supposons maintenant que le divertissement ou recel commis par la veuve ait eu lieu après sa renonciation à la communauté, nous ne croyons pas que ce fait puisse faire disparaître cette renonciation antérieure devenue irrévocable et faire déclarer la femme commune; nous le considérons plutôt comme un vol au préjudice des héritiers du mari. On a soutenu, dans une opinion

_____
(¹) Agen, 6 janvier 1851.

contraire, qu'une renonciation antérieure au détournement ne s'opposait pas à l'application des articles 1460 et 1477, et cela parce que la loi, disant que la femme sera déclarée commune *nonobstant sa renonciation,* veut dire que quand même elle aurait renoncé à la communauté avant d'en divertir les effets, cette circonstance ne peut empêcher de la considérer désormais comme commune. Du reste, a-t-on ajouté, cette interprétation est confirmée par quelques anciennes coutumes, notamment par celle d'Artois (art. 163), qui ne faisaient à notre point de vue aucune différence entre la renonciation postérieure ou antérieure au divertissement. Ces arguments, qui sont la base principale de la doctrine que nous combattons, sont peu séduisants. N'est-il pas, en effet, plus logique d'interpréter ces mots : *nonobstant toute renonciation,* dans le sens d'une renonciation postérieure au divertissement qui, dans ce cas, donne à la veuve la qualité définitive de femme commune. Cette solution est d'ailleurs la seule conforme au principe général, d'après lequel toute renonciation de la femme aux biens de communauté est irrévocable et ne peut être, par conséquent, annulée sans une décision formelle de la loi. Mais cette disposition exceptionnelle n'existe pas : dès lors elle doit être considérée comme étrangère aux biens de communauté sur lesquels elle a perdu tous droits, et si elle les détourne, elle commet sans nul doute un vol au préjudice des héritiers du mari. Telle était la règle admise en Droit romain (¹) à laquelle notre ancien Droit n'a pas dérogé;

(¹) L. 71, § 9, liv, IXX, t. II, Digeste.

car Domat (¹) et Lebrun (²) nous apprennent que la coutume d'Artois appliquait une disposition exceptionnelle
rejetée par la majorité des coutumes.

M. Troplong (³) enseigne un système mixte, d'après
lequel le divertissement qui ne peut en principe annuler
la rénonciation qui lui est antérieure, aboutit par exception à cette conséquence toutes les fois que ces deux
faits ont entre eux des rapports intimes, lorsque l'un a
eu pour but de dissimuler ou de faciliter l'accomplissement de l'autre. Cette doctrine est trop arbitraire pour
être admise; elle impose à un principe général et absolu
une exception qui ne se trouve écrite nulle part dans la
loi. On peut même ajouter qu'elle entraîne nécessairement une fausse application de la loi; elle va trop loin,
si le législateur n'a prévu que le cas de renonciation postérieure; elle tombe dans un excès contraire, s'il a voulu
parler dans l'article 1460 de la renonciation même antérieure au divertissement.

(¹) Domat, deux. part., liv. I, t. III sect. 1, nᵒ 12.
(²) Lebrun. L. III, Ch. II, sect. 2, nᵒ 28.
(³) Troplong. T. III, nᵒˢ 1563, 1564. Cont. de mariage.

POSITIONS

DROIT ROMAIN.

I. — La complicité peut naître dans certains cas du *consilium* seul donné au voleur.

II. — Les actions civiles et criminelles ne peuvent être intentées cumulativement par la partie lésée.

III. — La loi 2 § 3, *de Priv. delict.*, ne déroge pas à la règle d'après laquelle il faut prendre la plus haute valeur de la chose volée depuis le vol, pour fixer le montant de la *condictio furtiva.*

IV. — La *condictio furtiva* ne peut être intentée contre le complice. Dans certains cas exceptionnels, le complice *ope,* peut être tenu de cette action.

DROIT CIVIL.

I. — La première disposition de l'article 2279 n'est pas une dérogation au principe de l'article 1599.

II. — En cas de perte de la chose volée, le voleur n'est pas libéré de l'obligation d'en payer la valeur, même lorsqu'il est prouvé qu'elle eût également péri entre les mains du propriétaire.

III. — Le divertissement ou le recel des effets d'une succession commis par un mineur, n'entraîne pas contre lui la déchéance du droit de renonciation.

IV. — Le détournement d'un bien de communauté commis par la veuve, ne peut faire considérer sa renonciation antérieure comme non avenue.

DROIT CRIMINEL.

I. — Les soustractions prévues par l'article 380 du Code pénal ne réunissent pas tous les éléments constitutifs du vol exigés par l'article 379.

II. — L'immunité de l'article 380 ne s'applique pas aux étrangers qui ont participé comme coauteurs aux soustractions entre époux, ascendants et descendants.

III. — Lorsque des étrangers à la famille ont pris part les uns comme coauteurs, les autres comme complices aux soustractions commises entre époux, ascendants et descendants ; les complices ne jouissent plus de l'immunité qui leur est accordée dans le cas où la soustraction est exclusivement le fait d'un parent désigné par l'article 380.

IV. — Le détournement que commet un domestique des sommes qui lui ont été remises pour l'achat des provisions du ménage, bien qu'il les ait procurées, mais sans payer les fournisseurs, constitue un abus de confiance au préjudice du maître.

V. — Le vol commis pendant la nuit est celui qui a eu lieu dans l'intervalle qui sépare le crépuscule du soir du crépuscule du matin.

PROCÉDURE CIVILE.

I. — L'exception de la caution *judicatum solvi*, doit être opposée avant celle d'incompétence et celle de nullité d'exploit d'ajournement.

II. — Les actions mixtes se distinguent par un double caractère de réalité et de personnalité. Les trois actions mixtes mentionnées par Pothier au § 20 du titre *des Actions* ne sont pas les seules auxquelles cette dénomination peut s'appliquer.

DROIT COMMERCIAL TERRESTRE.

I. — Les fondateurs d'une société anonyme déclarée nulle pour défaut de versement du quart ou d'évaluation des rapports en nature, ne sont pas responsables envers les tiers pour la totalité des dettes sociales ; mais jusqu'à concurrence seulement du préjudice résultant du fait qui a causé la nullité de la société.

II. — Lorsqu'il y a doute sur la cause juridique d'un acte accompli par une femme mariée commerçante, il faut présumer que cette cause est civile.

DROIT COMMERCIAL MARITIME.

Lorsqu'un armateur est convenu avec un constructeur, que celui-ci fabriquera pour telle somme un navire ayant telle forme et telle capacité ; le constructeur en est propriétaire tant qu'il n'a pas été livré à l'armateur.

DROIT ADMINISTRATIF.

I. — Lorsqu'un acte reproché au ministre d'un culte constitue à la fois un abus et une infraction à la loi pénale, on ne peut saisir l'autorité judiciaire sans un recours préalable au conseil d'État.

II. — En matière *d'affouage*, les questions d'aptitude personnelle sont de la compétence des tribunaux judiciaires.

Vu par le président de la thèse,
PAUL-ÉMILE VIGNEAU.

Vu par le Doyen de la Faculté de Droit
de Bordeaux,
A. COURAUD.

Vu et permis d'imprimer :

Le Recteur de l'Académie,
DABAS.

Bordeaux. — Imp. DUVERDIER ET Cie (DURAND, dirr), rue Gouvion, 7.

TABLE DES MATIÈRES

DROIT ROMAIN

DROIT FRANÇAIS

PREMIÈRE PARTIE

DU VOL AU POINT DE VUE DE LA LOI PÉNALE.

LEX